제너레이션

민음의 시 333

# 제너레이션

김미령 시집

민음사

자서(自序)

기억이 계속 돌아다녀 그때 거기 없던
누군가를 만나려고

2025년 6월
김미령

**차 례**

1부

제너레이션  13
오십 방울  16
당신의 기억이 나에게 옮아와서  18
미니어처  20
귀지 파는 소리를 듣는 밤  23
초행  26
원가족  28
안개공단  30
보훈병원  32
홈 비디오  34
마른 땅에 관하여  37
복개천  40
민담유령  42

2부

밈  49

국수  50

한밤의 내 칫솔은 컴컴한 우주를 날아다니고  52

종려의 갈라진 잎 사이로  56

백양  58

누가 날 부른다기에  60

이야기가 된 시간  62

잠복기  64

끝을 끝이라 말해 주지 않아서  66

풍경이 기억하는 나  68

내게 오려던 말  70

유충  72

염소의 미간  74

제너레이션  76

3부

우리들의 왕  81

기억이 지나간 흔적  84

제너레이션  86

신도리코  92

해설사  94

읍  96

흰 탑은 흰 그림자를  98

여독  100

기울어진 나무가 서 있는 들판  102

국도변  104

유라시아  106

꿈을 이야기해 주면 잊어버리지만 꿈속에 끌어들이면 같은 꿈을 꾼다  108

## 4부

고전적인 구름과 들판의 심도  **113**
통속의 세계  **116**
파리끈끈이가 있던 풍경  **118**
제너레이션  **120**
내국인  **122**
내가 그때 알던 물  **124**
내가 그때 알던 빛  **126**
목련주공  **128**
왼쪽 어깨 너머의 날씨  **130**
아직 다가오지 않은 기억들  **132**
아는 사람  **134**
등으로 기억하는  **136**


작품해설 – 김동진(문학평론가)  **139**
추천의 글 – 이수명(시인·문학평론가)  **156**

1부

# 제너레이션

그러니까 그건 그가 막 죽고 난 후의 일이었는데
그때 모로 잠들어 있던 젊은 엄마의 젖 냄새와 낡은 선풍기 소리가 들리고
커튼 사이로 불어오던 눅눅한 바람도 느껴지고
누워 버둥거리면서도 아기는 그것이 참 좋았는데
그날 이마 위에 어른거리던 햇빛은 작은 엉덩일 흔들며 바닥에 낙서를 하고
아기는 손을 뻗어 그걸 붙잡으려고 했는데
한 번도 떠올린 적 없던 그 기억이 이제야 생각난 것이 그는 신기하기도 했다.
그건 어쩌면 그에게 남아 있던 가장 순수한 첫 기억 같기도 하고
예닐곱 살 적 마당을 뛰놀던 뒤꿈치에 밟힐 듯 밟히지 않던 천국의 엽서처럼도 느껴지고
언젠가는 그의 서재에 작은 돌멩이로 머물다 모르는 사이에 사라지기도 했던 것 같은데
그러니까 그건 잊힌 기억들이 어딘가에서 자신의 삶을 살아가는 방식 같기도 하고
늘 업고 다녀 무게를 모르던 천사의 그림자처럼도 느껴지고

어쩌면 언제 찾으러 올지 몰라 시간이 곳곳에 보관해 둔 녹슨 열쇠 같아서
 이제야 그는 그것들을 물끄러미 바라보았던 것인데
 먹어 보지 못한 강 건너 앵두 맛을
 들어 보지 못한 태어날 조카의 옹알이를
 만져 보지 못한 죽은 조부의 갈라진 발바닥을
 그는 다 알 것도 같았는데
 가장 즐거웠던 여행이나
 많이 불렀던 이름
 매일같이 다녔던 골목이 잘 생각나지 않는 건 왜인지
 언젠가부터 그가 즐겼던 고독한 놀이들이 더 이상 의미 없어지고
 무엇에 대한 원망이나 오해 따위도 더 이상 부질없이 느껴졌을 때
 그는 그에게 묶여 있던 모든 기억들을 공중에 자유로이 풀어놓았다.
 피가 돌지 않던 그것들이 제 갈 길로 흩어지고 평온한 그림 같은 몇 장면만 남게 됐는데
 밀리고 밀리다 바다에 당도한 물결

떠돌고 떠돌다 해변에 다다른 모래
그 위에 물새 몇 마리 떠 있고
가끔 바람이 불고
그러니까 이건 이제부터 새로 시작되는 이야기지만 낯익은 이야기이고
그도 모르게 그에게 전해지던 유구한 슬픔이자
언제나 닿고 싶었지만 끝내 이르지 못한 그 자신 안의 흐릿한 풍경인지도 모른다고
죽은 그가 생전의 방을 둘러보다 창 너머로 사라지고
정오를 뺀 낮의 밝음과 자정을 뺀 밤의 어둠이 끝없이 이어지는 동안
누군가 마시던 차가 반쯤 식은 밝은 오후의 창가
그와 가까웠던 한 사람의 생활 속에서
정돈된 욕실의 물품들로
외투 주머니에 들어 있던 오래된 영화표로
한낮의 졸음 속에 찾아오는 초인종 소리로
그 기억은 다시 찾아오고
아무런 반전도 일어나지 않는 이야기는 다시 계속될 거라고

## 오십 방울

계단에 앉아 책을 읽던 서양 군인과 마주쳤다 그는 지난 꿈에 내게 한국어로 말을 건넸는데
나는 중국어로 대답했다 그는 그걸 다 알아듣고 주머니에서 사과 모양을 꺼내 내게 주었다

그게 내가 먹으려던 사과인지 먹어서 없어진 사과인지 선택하라는 듯이

누군가 창밖으로 물을 던졌고 나는 뒤집어쓸 뻔했지만 이 순간을 미리 알았다는 듯 물 옆에 비껴서 바라보았다

물 위에서도

물줄기가 공중에 길을 내며 휘어졌다 자신을 기억할 시간을 주겠다는 듯 천천히 달아나면서

마침 골목 안으로 도망가던 동생의 물방울 원피스가 떠오르고 그 옷은 이제 불에 타 없어졌는데

그때의 물방울 몇 아직도 아침의 내 이마 위에 떠 나를 내려다보곤 하고

잊을 만하면 도래하는 그 투명한 내부를 나는 어김없이 알아본다
구(球) 너머로 비치는 어둑한 실내
표면을 빙글빙글 돌면서 끝내 말해지지 않는 것

그들이 한동안 흩어진 어떤 날엔
깊은 골짜기 나무뿌리를 타고 지하 암반 아래로 똑똑 떨어지며 밤새 내 방문을 노크한다

## 당신의 기억이 나에게 옮아와서


봄이 오는 풀밭에 앉아 풍경을 보고 있으면
아기는 잘 걷는구나. 풀이 따갑구나. 나비가 꽃밭으로 아기를 유인하는구나.
들판의 모든 초록과 빛의 파장과 아기의 미래까지 두루 관장할 듯이 우리는 멀리서 바라보며 잠시나마 흐뭇하구나.

저것은 나의 기억입니까. 당신의 기억입니까.
누구나 한번쯤 저 구간을 지나도록 돼 있었다면 우리는 무엇을 준비해야 했을까요. 나는 지금 어디쯤에서 저 장면을 보고 있을까요.

당신 없는 자리에 당신의 기억이 나 없는 자리에 내 기억이 앉아 있고 그 기억은 우리에게 거주하지 못하고 어디를 맴도는지
우린 지금 저기서 잘하고 있는 거겠죠.

아기를 위해 귀여운 장애물도 몇 준비하고 주변에 봄꽃도 좀 뿌려 놓고
날씨가 좋아요. 기분도 좋아요.

일동 손뼉도 치면서

계속 저 자세로 웃으면 얼굴이 뻣뻣해지고 다리에 쥐가 날 것 같은데
최선을 다하고 있네요. 아기는 물가로 가고 있는데 무엇을 향해 환호하고 있는 건지도 모르면서
저 사람들은 정면의 무얼 보고 있는 거냐고 뒤에서 누가 수군대는데

얼굴은 늘어지고 머리카락은 하얘져도 예나 지금이나 같은 모습으로 풀밭에 앉아
아직 다가오지 않은 지나간 불행 앞에 축복의 기도를 던져 주면서

환한 휴일 대낮
땀과 술과 벌꿀 냄새 뒤섞인 어느 봄의 소풍날에
가족들 몇 즐겁게 놀고 있는데
당신 없는 당신 자리에 나 없는 내 자리에
오래된 기억이 혼자 풀밭에 앉아

## 미니어처

횡단보도 한가운데에서 서로를 발견한 우린
시베리아 설산이나 몽골의 초원에서
아쿠아리움을 사이에 두고도 우연히 마주친 적 있는 우린
한동안 서로를 잊고 있던 도심의 어딘가에서 먼지투성이 조각상을 만나기도 하겠지.
본 적은 없지만 실물이 어딘가 있다고 믿으며 왠지 서로를 떠올리기도 하겠지.

그러고 보니 그때도 모두 똑같은 걸 갖고 있었던 것 같아. 가방에 열쇠고리로 매달고 다니며
지구 반대편에 우뚝 솟은 랜드마크를 이따금
반사시키면서

제 작은 몸 안에 불러들인 이름과 그에 알맞은 크기로 압축된 이야기들
몇 줄 기록으로 남았지만 원래 존재하지 않은
그래서 아무것도 흉내 내지 않아도 되고 무엇이든 될 수 있는 미니어처

&gt; 작은 틀을 부수고 언젠가 그 거리의 온갖 빛과 소리가 눈부시게 터져 나올 것 같은
　세상에서 가장 흔한
　시골의 어느 기념품 가게에서나 만날 것 같은 칠이 조잡한 작은 모형을

　아무도 눈치 못 채는 밝고 흔한 곳에
　굴러다니고 걷어차이는 곳에
　시시하고 반짝이는 물건들 사이
　볼품없는 플라스틱 상자를 흔들면 색색의 별사탕과 함께 딸랑이는 소리가 나는

　어딘가에 너는 있고
　나는 있고

　어느 날 나는 아침 생방송에 언뜻 스치는 세계 최대의 조각상 앞을 지나가는 관광객이거나
　거리의 인터뷰에 응한 무심한 시민이거나
　구석 벤치에 모로 누운 노숙자로

〉그리고 어느 식당에서 밥을 먹다 화면 속 나를 우연히 알아보는 너로

　세계의 많은 곳에 동시에 있고 어디에도 없으며 끝없이 이어지는 땅 위에서

# 귀지 파는 소리를 듣는 밤


 무민, 당신 거기 있었군요. 고개 돌리면 스크린 도어 앞에 선 끝없는 옆모습들. 헤드셋 쓴 여학생은 리듬을 타고 그 뒤 회사원은 치마 아래를 힐끔거리는데 방금 전 재난문자 혹시 나 혼자만 받은 건지

 어제는 재계약에 실패했습니다. 오늘 아침엔 유산균을 챙겨 먹었고요. 메일함의 이혜성은 내가 아는 혜성이 아닌 듯하고 그런데 저 방독면은 유사시 누구에게?

 다음 열차는 오지 않을 것 같아. 우리만 남겨 두고 무수히 지나간 것 같아. 22세기는 한꺼번에 지각하는 중. 나는 나와 공통점이 없고 당신은 당신에게 섞이지 않아 오늘의 플랫폼은 혼잡하네.

 10년 전 동경이나 10년 후 부다페스트인 것 같아. 지금 우린 각자의 지구에 살고 있는 것 같아. 손바닥 위 조그만 불빛 속에서 천 개의 도넛을 튀기고 만 개의 크레용 만드는 걸 쳐다보며 무궁무진 인류는 이어질 거라 안심하면서

저녁엔 핑크빛 슬라임을 만지고 휴일엔 초콜릿 녹이는 입소릴 들으며 달콤한 잠을.* 출근 가방 들고 매일 공원 벤치에 앉아 있는 가장도 크리에이터가 되지 못한 은둔 소년도 다 함께 지구를 지키느라

오늘은 기분이 어떤가요. 점심엔 무얼 먹었나요. 혹시 당신은 꽃을 좋아하는지. 저는 나무와 풀이 더 좋습니다만.**

저 테라리움은 내가 만든 미니 지구. 가족 잃은 어린 공룡이 긴 목 휘저으며 고사리 숲에서 나올 것 같아. 저 작은 지구를 가꾸는 게 나의 마지막 임무 같아. 알람 설정된 영상 일기를 무심히 들여다보는데

열차는 또 지나간다. 유리에 얼굴 붙인 사람들이 잔상을 남기며 사라지고 반대편 승강장에 서 있다 열차에 올라탄 사람은 방금 전의 내가 아닌지. 어제의 기억은 저쪽에서 나를 훔쳐보고 있는 것 같고 어쩌면 지난 주말 장례식장에서 마주친 얼굴 같고

〉 무민, 당신 거기 있었군요. 지금도 어딘가에선 사각사각 연필 소리를 내고 국수틀은 끝없이 면발을 밀어내고 있겠지요. 이불을 뒤집어 쓴 한밤의 폰 불빛은 꺼지지 않는데 창밖에 비는 오고 밤늦도록 누군가의 귀지 파는 소릴 들으며 나는

* ASMR, 자율 감각 쾌락 반응.
** 가오밍 감독의 영화 「습한 계절」.

# 초행

 서쪽 하늘에 먹구름이 엉겨 있었다. 공중에 자력이 넘실대고 그 사이에 날개를 접고 자유로이 비행하는 새들이 있었다. 상공에서 내려오던 깃털이 천천히 지상에 닿을 무렵 사선의 빛줄기가 그 깃털을 비추었고 그때 우주 먼지를 음률로 번역했던 맹인 천문학자의 맥박이 빨리 뛰는 듯했다. 숲이 우거진 곳에 들어섰다. 이렇게 깊이 들어오긴 처음이야 내가 말하자 저번에도 처음이라더니 그는 말했다. 언젠가 흐린 창 앞에 서 있던 아이의 눈썹이 저 끝에 보이는 듯했다. 그것은 웃고 있었지만 슬퍼 보였고 미간에 무수한 눈발이 흩날리는 듯했고 내가 이 길을 지난 뒤에도 그 눈썹은 오래 거기 남아 있을 것 같았다. 움직이는 물체를 쫓아다니느라 숨이 가빴다. 사냥꾼이나 된 듯이 나는 이상한 기쁨에 차올랐고 작고 귀여운 그것을 따라가면 진기한 풍경을 만날 수 있을 것 같았다. 갑자기 가슴이 두근거렸어요. 풀어헤쳐진 입술을 본 것 같았거든요. 오래전 저 안에서 내가 미처 구하지 못한 것이 내 손목을 잡아끌면 내가 그것을 한눈에 알아볼 것 같았어요. 그 순간 내내 간직했던 말이 떠오르고 그러나 미안하다거나 어쩔 수 없었다거나 한마디도 하지 못하고 주춤주춤 물러

날 것 같았어요. 가운데가 텅 빈 그 얼굴에서 무수한 새 떼가 쏟아져 나와 주위를 휩쓸고는 내가 출발했던 저 뒤쪽 세계까지 한바탕 휘젓고서야 숲으로 돌아갈 것 같았어요. 나는 더 이상 들어가지 않았다. 내려오는 길에 물을 마시려고 개울에 엎드렸는데 정체 모를 짐승의 시체가 잠겨 있었다. 반쯤 뜯긴 머리통에 온갖 것들이 붙어 시커멓게 우글거리고 있었다.

# 원가족

다 외우고 있어서 그 기억은 더 이상 자라지 않는다 거기 쓰러져 있던 아이도 멀리 서서 웅성이던 거뭇한 군상들도

내가 외운 길에는 정다운 이웃이 지나고 외우지 않은 길에는 사람 아닌 것이

거긴 벚나무가 많지만 사이프러스가 줄지어 있는 어느 풍경과 겹쳐지고 저 멀리 외딴 집 양철지붕은 붉은색

잘못 외웠더라도

아이가 좀 더 거기 쓰러져 있는 것이 기왕이면 아름답겠지 이제 와서 기억을 수정하지 않는 게 좋을 것 같아 누가 찾으러 올 때까지 가만히 앉아 낮은 노래를 부르며

또다시 외운 바람이 불어오고 외운 구름이 흐르고 키 큰 사이프러스는 아이에게 아직 멀었다고 말하는 듯이 꼭대기에서 팔짱을 끼고 내려다보네

> 그때 왜 거기서 구경만 하고 있었어?
나중에 동생이 물으면

네가 도와 달라고 안 했잖아

그렇게 말하려고 기다리고 있는데 동생은 아직까지 묻지 않는다 두고두고 벌을 주고 싶은 게지 그때 많이 울어서

내 눈이 통통 부었었다고 정말 그랬다고 여러 번 힘주어 말하곤 했는데 아직 어렸던 그가 정말 그렇게 기억할진 알 수 없고

지금도 모르겠다 그때의 그를 구할지 말지 조금 더 생각해 보려는 듯이 사이프러스가 구불거리는 들판 사이로 나는 천천히 사라지면서

# 안개공단

네가 왜 거기서 나와? 누가 그렇게 물었을 때 기계들이 웅웅거리는 소리만 거리에 가득 찼다.
내가 왜 이제야 거기서 나왔는지 묻지 않는 게 나는 더 이상했는데
그러고 보니 거기서 좀 더 자주 나왔더라면 좋았을 걸 하는 생각이 든다.

거기서 가져온 것을 함께 나눠 먹으면서 우리는 같은 사람이 되었고 그곳은 다시 알려지지 않게 되었다.

한 사람이 골목 안으로 들어와서 우리가 서 있던 문 앞을 지나 다른 문으로 들어갔다.
이 문이 아니고 저 문인 게 놀랍진 않았지만 저기로 들어간 그는 평범한 사람은 아닐 거라고

잠시 후에 나온 그는 흰 이를 드러내며 말없이 웃었고 우리 쪽은 아니겠지 생각했지만 그가 고갤 숙이고 웃는 방향이 우리 쪽인 것 같았고
그의 뒤로 닫힌 문은 다시 벽과 함께 단단히 결합했다.

> 건물 뒤편에 우거진 덤불이 더 어두워지고 있었다.
　부러진 액자들의 어긋난 네모가 달아나려는 빛을 가두었다.

　우리 세 사람은 어둑해진 길에 나란히 서 있었다.
　길 건너편에 머리가 뒤로 젖혀진 사람을 보고 있었는데 재채기를 하려는 것 같지는 않았지만 그는 그 자세로 한참을 움직이지 않았다.
　열리려고 하는 그의 목 흉터를 향해

네가 왜 거기서 나와? 말하려고 했는데

　지나고 보니 별것 아니었지만 내가 그 말을 해 주려고 아직도 거기 서 있는 것 같아 이제 그만 돌아오고 싶어졌다.

# 보훈병원

   이 동네엔 눈 밑에 점 있는 사람이 여럿 산다. 입가에 점 있는 사람도 여럿 살지만 눈에 잘 띄진 않고
   이런 주택가엔 그런 사람이 백 명쯤 더 있어도 이상하지 않겠지.

   한 사람이 길 잃은 노인을 부축해 파출소로 들어간다. 커다란 수박을 내려놓고 잠시 쉬는 여자도 있다.

   이쯤이면 아—아—아— 소리치며 달려 내려오기 좋은 언덕이 나오고 그 위에 교회가 있어야 하는데
   그리고 곧바로 아—아—아— 소리치며 달려 내려오는 아이와 겁에 질린 엄마가 갈퀴손을 뻗으며 따라 내려오는 장면이 보여야 하는데

   아직 보이지 않는다. 조금 더 가면

언젠가 우리 여기서 본 적 있지 않나요?
하고 묻는 사람과
글쎄요. 오늘 하루 임산부를 세 명이나 보긴 했지만

하고 갸웃거리는 사람을 만날 것이고

한참이나 머릴 긁적이고 서 있으면 저 멀리

토성의 고리를 돌던 돌멩이가 불꽃을 내며 튕겨나간다.
행성 하나쯤 돌아오지 못해도 이상할 게 없는 거리에서
 이제 그만 맴돌고 돌아갔으면 하고 생각했을 때

다들 여기 모여 있었구나!

 반갑게 인사하면 돌아보는 얼굴들 입가에 붉은 수박 물이 뚝뚝 흐른다.
 그중 한 사람의 턱에 예전엔 몰랐던 수박씨만 한 점이 있다는 것을 계속 생각하던 그해 여름

## 홈 비디오

숲길을 가다가 야외 수영장이 나왔다.
계획에 없던 일이었다.
수영장엔 물이 없었고 갈라진 바닥에 풀이 나 있었고
때마침 지금이 겨울인 것도 때마침 내가 나인 것도
애초에 계획에 없던 일
이제 막 알게 된 일

그러고 보니 내가 여기 도착한 것은
녹슨 철 계단을 내려가 바닥을 들여다본 것은
이제 이야기가 된 시간이 거기 있을 것 같아서

늦은 감은 있지만
우리가 깜빡 잠든 사이 세상이 어떻게 끝나 있었는지
 그 마당에 무엇이 가득 차 있어 다들 입을 막고 팔다리
를 휘저었는지

(찍지 마! 그만해! 누가 말하고)

그해 여름은 때아닌 빛과 소리로 시끄러웠는데

〉 붉게 태운 살갗과 물속 유영의 자유로움 그리고 약간의 따분함 또 뭐가 있었지
 현관 앞에 매미 한 마리 자지러질 듯 울어 대고 아이가 꼬챙이로 배를 꾹 누르는데 나는 말리지 않았네 내 목을 조르는 것 같았지만


 (아침부터 까불던 토끼소녀가 더러운 버니 인형을 쓰고 카메라를 향해 손 흔드는데)


 부풀고 가라앉기를 반복하던 하루살이와
 덤불 뒤 들리던 누군가의 인기척과
 잠수하던 내가 물에서 떠오르자 아무도 보이지 않던 것


 미지근한 물 위에
 둥근 튜브 하나


 우리가 정말 그런 즐거운 한때를 경험한 건지 알 수 없는 오랜 시간이 흘렀고
 낯익은 물결무늬가 빈 수영장에 넘실거렸고

> 일부러 가서는 들여다보지 않을
깊은 바닥이었다.

## 마른 땅에 관하여


평지에 부는 바람은 아무것도 느끼지 않고 잠시 머물다 갔다 풀 몇 포기 긴 낮잠 자고난 듯 이따금 흔들리는데

현장엔 사건이 없더군 웅덩이엔 구름이 없고 까치 부리엔 까치 울음이

인용될 건 이미 다 인용된 뒤였어 아무것도 새로 발견된 건 없고 죽은 사람은 죽고 산 사람은 사는 곳에

몇몇 증언과 오류 들이 그대로 활자가 되고 말로 입증할 수 없는 것들은 저마다의 심연으로 가라앉았는데

매년 모래 폭풍이 불어와 골짜기마다 소문의 사생아를 낳아 두고 떠나는 곳에

길 잃은 근대가 낡은 천사 옷을 입고 미래의 거울 앞으로 달려가고 밤 2시에서 밤 1시로 눈발들이 거슬러 오르고 극지를 돌아온 해류가 눈먼 물고기들의 대오를 몰고 해 뜨는 창가로 밀어닥치는 동안

> 모두가 모두의 목격자이던 때가 이미 다 지났다고 옛일은 옛말 속으로 모두 사라졌다고

그때 난 아직 눈도 못 뜬 어린 짐승처럼 어미의 젖은 가랑이 털 사이로 온갖 방언이 섞인 미지근한 바람을 느끼고만 있었는데

이제 말해도 된다고 해도 그럴 필요가 없어진 더 이상 우리 것이 아닌 먼 기억들

빈 연립주택을 서성이는 무료한 인구조사원처럼 어느 문 앞의 사라진 밥 냄새를 맡으며 기억도 기록도 없이 흩어지는 흙먼지 사이로 조그만 쇠종 소리를 듣고 서서

텅 빈 가게 금 간 도자기 인형을 보며 어쩌면 나는 오래전부터 이런 미래를 기다리고 있었던 것 같고 나를 선택한 그 기억으로부터 나는 영영 벗어날 수 없을 것 같고

근처의 어느 창고에 미편집된 비디오가 먼지로 덮여 쌓

여 있었다 그 영상 속에는 한 떼의 역병들이 우르르 이 거리를 지나가고

  예상보다 그 일은 너무 빨리 진행되고 있었다

## 복개천

벌써 끝내려고? 하는 소리가 벽 뒤에서 들렸다.
벌써 끝난 사람은 좋겠다. 손잡고 있던 우리 둘 중에 누가 그렇게 말했고 그 말은 진심 같았다.

골목을 올라가고 있었다.
우리보다 먼저 올라갔다 내려오는 사람들은 조금 실망한 표정이었는데
저 위에 끝이 있어서라기보다 끝이 이상한 모양으로 굽어 있어서

좀 더 해 보려고 한 것이 무엇인지 생각나지 않아 더 이상 기웃거리지 않고 내려왔다.

6월의 향나무가 폐가의 담장 밖으로 뻗어 나와 타오르는 검은 불길처럼 자라고 있었다.
저 나무 끝이 향한 곳이 어디든 두 무릎은 꼭 모으고 앉아야지 생각했는데
그게 향나무하고 무슨 상관인지 나도 궁금했고

그날 우리가 헤어진 이유보다 그 골목의 끈적함에 들러붙어 있던 것이 무엇인지
골목을 나올 때까지 사라지지 않던 냄새의 정체가 무엇인지가 내내 더 궁금했고

나중에 저 나무를 다시 보게 되면 여기서 우리가 끝내지 못한 것도 알게 될지 모르지만
그런 게 기억날 리 없지 그날의 메모를 봐도 네 얼굴은 잘 생각나지 않는데.

조금 더 가니 바닥의 갈라진 틈으로 더운 김이 밀려 올라왔다.
근처에 목욕탕이 있다면 들렀다 가고 싶었고 그것은 이 이야기의 좋은 전환점이 될 것 같았다.

# 민담유령

같이 나가 보지 않을래? 오늘 밤 산성에서 무슨 축제를 한대. 매년 이맘때면 등불 들고 다 같이 성곽을 돈대.

땅을 구르고 이상한 기쁨으로 번들거리며 그들만의 찬가를 그들만의 영가를 부른대.
그리고 이 밤이 끝나면 모두 잊어버리지.

너에게 줄게. 내 영혼 내 육체 내 기억을
내 피까지 모두 너에게 줄게.
우리 다 같이 노래를 불러.
*영원히 끝나지 않을 행복의 노래*\*

신기하지 않아? 낯선 사람들과 자기도 모르는 노래를 부른다는 게
다 같이 밤을 불태우던 산속의 축제도 까맣게 잊고 다음 날 또 다음 날 무심히 서로를 스친다는 게

그날 보름달이 뜨고 어디선가 호랑이 울음이 들렸지.
온갖 짐승들이 나무에 올라앉아 야광 눈을 뜨고 사람

들을 내려다보았네.

지난해에도 지지난해에도 너희들이 한 일을 모두 알고 있다고

오래전 잡아먹은 영혼까지 낱낱이 기억하고 있다고

괴로운 일은 잊고 다 같이 춤추고 노래 부르면

기쁨에 겨워 황금빛 털이 곤두선다네.

내가 먼저 가 있을게 그리로 와.

산을 반쯤 오르다 보면 공터가 나오는데 거기서 우린 춤을 추고 있을 거야.

어쩌면 가까운 이웃들과 네가 모르는 죽은 네 친척들도 와 있을지 몰라.

네가 온 것을 알면 다들 기뻐하겠지.

귀신을 믿느니 종교를 갖겠어. 종교를 갖느니 차라리 나를 믿겠어.

그렇게 말하던 너였지만 너는 늘 우울했지. 새로운 취미를 위해 수영을 하고 그림을 배우고

그래서 네 그림은 순수하지만 역설이 있니?

그걸로 너라는 곤경에서 잠시 벗어날 수 있니?

물가에 앉아 지복이 떠내려가는 걸 언제까지나 바라보다가
그중 한둘이 돌부리에 걸려 흔들리고 있으면
저걸 다시 건져 볼까 저게 아직 네 몸을 기억할까 궁금하지는 않은지

풍등이 올라가면 누가 공중에서 몇 개의 소원만 뽑아 올리는 것 같고
저 풍등이 어디쯤에서 숨을 다하든 어느 고래 뱃속에서 며칠을 살든
네가 상상할 수 있는 가장 먼 곳이 네 집일 거야.

언제든 소원을 빌어도 좋아.
만약 오래된 소원이 너를 찾아와 어깨를 들썩이고 엉덩이를 흔들며 무슨 말을 하려 해도
이제 원하지 않게 된 그 소원을 네가 알아보고 주춤거리며 물러서게 되더라도

겁에 질려 달아나지는 마.

내가 늙은 호랑이의 부리부리한 눈을 하고 늦은 밤 네 창가를 찾아간대도
네 비밀을 다 알고 있어서 그런 건 아니니까.

\* 아핏찻퐁 위라세타꾼 감독의 영화 「열대병」의 대사를 변주.

2부

# 밈

여러 번 소리 내 부르면 가운데가 텅 비는 이름
우스꽝스럽게 눈 모으고 혀 내민
들여다볼수록 더 모르겠는 얼굴이 거기
우리가 알고 있는 그가 정말 그였는지
각자의 기억에서 그는 오리너구리거나
종이비행기거나
무엇이든 될 수 있지만 누구로도 완성되지 않는
어느 날 도시 한복판에 뜬 오로라였던
처음엔 상상이었지만 나중엔 정말 그렇게 믿은
모두의 첫사랑이자
모두의 사기꾼
우리가 말없이 공유했던 거짓은 무엇이었을까
저마다의 상실감은 저마다의 몫
원양어선을 탔는지 선교사로 오지를 떠돌았는지
어느새 기별 없이 완전히 사라진
우리 다 죽고 없는 저기 뜬소문처럼
단 하나의 빛으로 살아남은

# 국수

목소리는 옥상에서 들려왔다.
자리를 옮겨 가며 희미해지다 다시 커지는가 싶더니 한 사람이 막 전화를 끊으며 문 안으로 들어섰다.

옥상에 있는 거 아니었어요?

그의 실물이 점점 커지면서 내 앞에 멈춰 서더니
방금 여기 도착했는데요?

목소리의 발생 지점이 모호해졌다. 두 사람의 다툼에 대한 나의 상상이 납작해져 흘러내리더니
실제 얼굴이 단순한 상으로 망막에 맺혔다.
어떤 기분이 생기려다 사라졌고
오후가 다시 밋밋해졌다.

조금 전에 하늘소를 봤거든요 흰 점이 많은……
각자 휴대폰을 뒤적이다 그가 먼저 말을 꺼냈다.
어릴 때 보고 정말 오랜만이었는데 저는 하늘소를 보면 꼭 좋은 일이 생길 것 같거든요.

그는 약간 상기된 얼굴로 말했고 나는 말없이 고개를 끄덕였고

그때 창밖에서 여름이 우릴 보고 있었다.

서쪽의 햇빛이 실내를 깊이 비추었을 때 책장 위 먼지들이 뒤꿈치를 들었고
오래 기다렸던 우편물은 모르는 곳으로 가고 있었고
훗날 내가 이런 상황을 다시 맞이하리란 걸 예감하며 나는 이 순간을 자세히 기억해 두기로 했다.

점심으로 국수는 어떤지 물으려는데 전화가 울려 그는 다시 복도로 사라졌다.
나는 아까부터 줄곧 우리 이야기를 쓰다가

# 한밤의 내 칫솔은 컴컴한 우주를 날아다니고

미안, 미리 말한다는 걸 깜빡했네!
언니는 배를 잡고 웃었다
욕실을 나서던 난 말문이 막혀 서 있었지
칫솔에 머리카락이 엉겨 있는 게 처음은 아니어서

운동화는 창가에서 말라 가고
한밤의 내 칫솔은 컴컴한 우주를 날아다니는데

재활용 햇볕은 거둬들여도 누가 자꾸 깔아 놓는다
여자아이들 모인 방에 오! 갸륵하고 거룩한 케이크
생크림 회오리 속으로 하얗게 사라진 것들

\*

하지도 않은 약속이 탄로 날까 봐
빌지도 않은 소원이 이뤄질까 봐.

그러니까 네가 본 게 무언지 제대로 말해! 동생 이야기

는 앞뒤가 안 맞고
　훔친 자전거를 빠뜨렸던 저수지에 나와 앉아 있으면 수련이 수면을 긁고 있었다
　터진 등이 가려웠지만 저녁이면 오므라들었고
　운석을 숨긴 토란밭처럼 간밤에 잘 자고 모두 쑥쑥 자라나서

*

　자매들은 치얼스를 외쳤다
　우리 당장 한국을 떠나 호텔 수영장에 뛰어들자
　서로의 등에 선크림을 발라 주기로 하자
　새로 구축한 동생의 파이프라인 이야기를 들을 땐 간만에 다 같이 유쾌했는데

　너 기억나? 지금은 없어진 우물에서 네가 나를 밀어 내가 죽을 뻔했던 거
　그맘때 내가 너를 슬슬 피해 다녔던 거

나는 눈이 휘둥그레지다가도

어쩌면 정말 그런 일이 있었는지도 몰라 조용해졌다

오래된 사진을 한참이고 들여다보는 동안 기억이 창가를 스쳐 가고 저기 물은 어항을 지나가네*
내 눈은 알고 나는 모르는 것**이 아직 거기 있을 것 같았다

*

저들의 뒤통수는 지금 저 자리에 없는 것 같아
한 번도 말해지지 않은 기억의 나머지 부분이 저 자리를 채우고 있는 것 같아

정확히 말해질 수 없어 나눠 가질 수 없던 것

우리가 포즈를 취하던 순간 프레임 밖에서는 무슨 일이 일어나고 있었는지

모두 어딘가로 우르르 몰려가 땅은 꺼지고 나무는 눕고 거리가 텅 비고 있었는지

*

한창 즐겁다가 한 명의 싸늘해진 소리에 모두의 웃음기가 사라질 때

멋진 타이밍이야, 이럴 때 언니는 항상 흥을 깨지!
넌 그게 문제라고 항상 그랬다고 또다시 마음이 상해서는

그건 그거고
올해가 가기 전에 우리 꼭 여행 한번 가자!
이번엔 진짜진짜

---

\* 이상우 소설 「나방, 평행」, 『프리즘』.
\*\* 인디언 속담.

## 종려의 갈라진 잎 사이로

이름도 모르고 우린 한나절을 같이 놀았다
종려의 갈라진 잎 사이로 헤헤 웃으며
아이는 자꾸 얼굴을 가렸지
자신이 정말 투명해졌다고 믿는 듯이
모두에게 최면을 거는 듯이
이별도 비탄도 모르는 아이는 자기가 안 보이면 세상이 깊은 슬픔을 느낄 거라고

잎 사이로 꽂힌 빛에 눈이 부셔 나는 가만히 서 있기도 했는데
눈 떠 보니 아이는 정말 보이지 않았네
정원과 숲의 경계가 점점 흐려지고 있었거든
더 들어가지는 말자고 달아나는 그를 붙잡으려 했지만

사실 우린 그가 안 보이는 척했던 것
종려의 그늘을 모신 것이 아이의 전생이었던 듯이
구름 위를 뛰놀던 발가벗은 시동이기나 했던 듯이

죽은 후에도 죽은 흉내를 내면

정말 자기가 죽은 지도 모르고 너무 오래
죽은 척을 하면

얘, 이제 안 그래도 돼,
아무도 말해 주지 않아
모두 돌아갔을 때 혼자 남겨지고

흙을 먹는 아이와 개구리를 먹는 아이
쇠를 먹는 아이와 종이를 먹는 아이
마을 누구나 알던 괴소문의 그 아이들이
생각나는 밤

갈라진 종려의 잎 사이로 언뜻
땟물 흐르던 그 목덜미가 보이는 듯해서

# 백양

앞에 가던 사람이 잠시 멈춰 개울 밑을 들여다보더니 이제 없네, 했다.
그게 아직 여기 있을 리 없잖아. 눈썹 위를 문지르며 나는 말했는데 그게 뭔지 꼭 아는 것처럼 그랬다.

돌 틈에 엎드려 있던 가재 한 마리가 재빨리 지나갔다.

어젯밤 오래된 사원이 붕괴하는 꿈에서 산짐승들이 무수히 달아났고 그때 피어오른 흙먼지가 귀에서 조금씩 흘러내렸다.

앞사람은 숲으로 더 들어갔다. 내가 뒤에서 따라갔지만 거미줄을 계속 헤쳐야 했고 그는 조금만 더 가면 나온다고 몇 번이나 돌아보며 말했다.

이쯤에서 새 한 마리 날아오르고 그것은 꼭 꿩이어야 하고 나는 아름다운 꿩의 깃을 꼭 하나 갖고 싶었지.

어느 고목의 낙엽 사이로 아무에게도 발견되지 않은 꿩

의 죽음을 아는 듯이

  소나기를 피하고 있었다.
  계속 이러고 있자고 했다.
  바위 틈새로 가느다란 빛이 새어 들어왔고

  여기 이러고 있으니 좋지? 그가 말했는데 뭐가 좋다는 건지 알 수 없었다.

# 누가 날 부른다기에

    누가 날 부른다기에 나가 보았다. 오가는 사람이 많았지만 나를 찾는 사람은 보이지 않아 두리번거리다 그냥 들어왔다.

    그러고 보니 말을 전한 사람이 누구였는지 보지 못했고 잘못 들었나 싶어 고개를 갸웃했다.
    비 개인 거리엔 초여름의 종아리가 가득했다.
    휴일이 덜 마른 땅 사이로 느리게 거닐고 있었다.

    그날 문밖에 서성이던 사람 있잖아.
    한참을 서 있었는데 안으로 들어오시라고 해도 대답 않더니 나중에 보니 가고 없데.
    누가 그렇게 말했을 때 나는 이제 막 쪽파를 썰어 구운 명란 위에 뿌리려던 참이었다.
    그 사이로 자동차 소리, 물 끓는 소리, 아이들 공놀이하는 소리가 잠시 끼어들었다 빠져나가곤 했다.

    내 얘기 듣고 있어?

나는 딸꾹질이 멈추지 않았다.

초음속비행기가 상공을 찢으며 잇달아 지나갔다.
우리는 동시에 고개를 들어 한참을 바라보다가 원래 각자 하던 일을 했다.

저 굉음이 경계를 가르고 지나간 건 그와 나인지 그해 여름의 이쪽과 저쪽인지

긴 물살을 남기며 잿빛 오리가 지나갔다.
수양버들 한 그루가 느리게 흔들리고
강을 바라보고 서 있는 한 사람은 시간의 끝없는 순환에서 막 빠져나온 듯 편안해 보였다.

누가 누굴 부르고 응답하는 긴 시차 속에서
또 여름이 가고 가을이 왔다.
그동안에도 물결은 어딘가로 계속 밀려가고 있었다.

# 이야기가 된 시간


다들 기분이 좋았다. 한창 대화하던 중에 문득 실내가 춥다고 느껴졌는데
 돌아보니 비상구 문이 조금 열려 있었다.

우리가 모르는 사이 무슨 일이 있었던 거지?
 누가 우리를 여기 남겨 둔 거야?

우린 곧 헤어졌지만 그가 남기지 않은 흔적이 거기 표시되었다. 내가 선뜻 건네지 못한 인사도
 더러운 유리창 너머 간간이 리듬을 타던 그늘막의 펄럭임도 거기 표시되었다.

그거 말고 있잖아, 좀 다른 게 뭔가 있었을 텐데.
 누가 갑자기 화제를 돌렸고 누가 누굴 끌고 사라졌고 바람이 문을 쾅,
 그거 말고 그런 거 말고

수원지 아래 미나리는 봄비에 파랗게 떨었고 불어난 물에 떠내려가던 뭔가가 번쩍 눈을 떴고

우리가 웃을 때마다 다슬기가 새까맣게 올라붙은 창살처럼 이가 까맸다는 거

  거길 다녀온 건 틀림없지만 다른 건 생각 안 나.

  그러나 그 비릿한 물 냄새의 기억은 시간을 따라 이동하면서 간혹 우리 안부를 묻는 것 같다고
  무심코 나는 중얼거렸는데

  그때 일을 잘 아는 듯한 한 사람은 내 말을
  가만히 듣고 있었다.

  기억이 지속되는 동안에도 물은 흘렀고
  여울은 여울대로 남아\*
  바닥에 무늬를 새기고 있었다.


\* 속담.

# 잠복기

 밖에 나가서 놀라고 하자 떠들던 아이들이 밖으로 뛰어나갔다.
 그제야 앤틱 가구의 음영 사이로 침묵이 다시 고이기 시작했고
 때를 기다린 듯 우리는 대화를 이어 나갔다.

 잠시 후 멀리서 아이의 울음이 들려왔다.
 점점 멀어지는 소리의 방향을 생각하느라 주위가 갑자기 조용해졌고
 그 순간 우리는 뒤뜰의 구조를 떠올리며 문에서 숲으로 연결되는 몇 가지 경우의 수를

 떠올렸다.

 오랜 뒤 이국의 공원에서 개가 온몸에 검불을 묻혀 돌아왔을 때 그때의 일이 생각났다.
 나는 개를 한참이나 쓰다듬었고
 개가 아는 것은
 개만 간직했다.

> 포물선을 그리며 숲으로 날아간 공은
　돌아오지 않았다.

　언덕에 연이 날고 있었고 그러나 어디에도 연 날리는 사람은 보이지 않았고

　누군가의 가만히 쥔 주먹도.

　무엇이 서로 연결되려고 하는지 알 수 없었다.

　어디선가 익숙한 허밍이 들려오고
　잠복기가 길었던 기억이 매미 떼처럼 올라와
　한꺼번에 울기 시작했다.

# 끝을 끝이라 말해 주지 않아서

그래도 이렇게 모인 게 어디냐며 애써 자족했지만 누구도 더 이상 묻지 않았다

여러 우연이 오늘을 주관했고
사소한 연결 부위가 몇 번 덜컹거렸고
상자에서 핏물이 흘렀어요 우릴 초대한 사람이 갑자기 못 온다는 소식

화력은 약하고 고기는 질긴데
누가 강가로 사라지는 것을 보았지만 아무도 이 순간을 기억하지 않겠지
이런 꿈은 아름답지도 슬프지도 않아서 우릴 길들이지 못하겠지

멀리서 짐승 울음소리 들리고 벗겨진 가죽이 어느 덤불에 걸려 있고
타 버린 고구마가 헤집어지는 것을 우리는 조용히 지켜본다

해피 엔딩이 취향이라면 여기서 좀 더 이어 갈 수 있겠지만 이제 거의 파장 분위기
　그러나 본격적인 이야기는 시작조차 하지 않았는지 모르고 뭔가 서서히 고조되려는 듯
　모두 잠잠

　오래전부터 사로잡혀 있던 그 장면은 오늘도 끝내 등장하지 않을 것이다
　기억을 이야기로 만들면 아름답지만 실제로는 따분할 수도

　시(詩)가 수풀 사이를 기웃거리다 지나가고

　집에 오고 나서도 이게 다일 리 없는데…… 혼자 중얼거리는 사람이 있었다
　끝을 끝이라 말해 주지 않아서 어렴풋이 공회전하는 멜로디가

## 풍경이 기억하는 나

저 굴다리를 지나면 농로가 나온다.
농로를 따라가다 보면 오른쪽에 비닐하우스가 있고 왼쪽엔 개울이 흐르는데

예전에는

오른쪽에 나무가 있고 왼쪽에 우물이 있었다. 도중에 기억이 변한 게 무엇 때문인지 알 수 없다.
내가 기억을 바꾸었는지 기억이 나를 바꾸었는지

한 사람이 논둑에 쓰러져 있다.
들일을 마치고 이제 돌아갈 시간
그를 흔들어 깨우려면 저 굴다리를 지나야 하는데 입구에 항상 멈춰만 있는 내가 보인다.

그에게 색과 동작을 입히려면 서둘러야 하는데 굴이 끝나는 곳에 버티고 서 있는 개
하늘엔 누렇고 무른 해가 걸려 있고 빈 들엔 작동을 멈춘 트랙터

자신이 속한 무력한 세계를 지키려는 듯 개는 이쪽의 나를 노려본다.
제 울음이 들에 울려 퍼지고 제 그림자가 점점 커져 숲을 뒤덮는 상상을 하며
굴 뒤쪽의 유일한 지배자가 되어

내가 저 앞에서 한 걸음도 못 움직이는 건 저 풍경이 오래전 겁먹은 나를 알고 있기 때문
풍경이 기억하는 나는
열두 살의 아이 그대로여서

굴다리를 지나 저기 환한 곳에 춥고 메마른 농로가 있다.
누워 있는 사람에게 물어볼 말이 있다.

# 내게 오려던 말

낮에는 윗집 문을 두 번 두드리고 커피를 타 마시고 축구 경기를 보려고 리모컨을 누르다 창밖을 보았는데

투명한 파도가 사선으로 높이 일렁이고 있었다.

오늘 일어나기로 한 일 같았고 기억나지 않기로 한 일은 이미 다 지나간 후였다.

맞은편 실내에서 종일 서성이는 한 사람을 보았는데 그는 손으로 미간을 누르고 있었고 떠올리려던 이름이 금방이라도 이마 밖으로 튀어나올 것 같았다.

늦은 오후엔 화분에 물을 주고 형광등을 갈았다. 컵을 들고 오른쪽으로 돌다가 왼쪽으로 돌기도 했지만 오늘 일어나기로 한 일이 아직 다 일어나지 않은 것 같았고 그렇다면

다시 옆집 문을 두 번 두드리고 커피를 타 마시고 낚시 프로를 보려고 리모컨을 누르다 창밖을 봐야지. 옆집엔

아무도 없고 내가 들은 것은 그 집 유령들의 격렬한 토론

 아무 일도 일어나지 않기로 한 동안에 나는 나를 어디에 두기로 했는지 목록을 더듬었다.

 저녁이 되어 TV를 끄고 양치를 했다. 내게 오려던 말이 조금 기웃거리다 가 버렸는데 다른 데라도 찾아가겠지 하고 내버려두었고

 거울 앞에서 한참 거품을 내다 길게 흘러내린 얼굴을 보며 오늘은 이만 옛 기억들을 원래 자리로 데려다주는 게 좋겠다고 생각했다.

## 유충

거기서 난 아무것도 못 봤어. 산행을 마치고 나오면서 나는 말했고
네 말이 맞아 넌 무엇도 보지 못했어.
내내 말이 없던 그는 말했다.

우린 더 이상 궁금하지 않았다.
거기엔 빛이 살육한 여름의 숱한 어리석음이 썩은 낙엽처럼 어지러이 흩어져 있었을 뿐
그건 무척 사실적이었지만 설명할 수 없었고
우리 사이에 그런 불가해한 구멍 몇 개쯤 있는 것도 나쁘지 않을 것 같았다.

먼 훗날 만나 함께 밥을 먹다가 그땐 왜 그랬어? 내가 물었는데
그는 눈을 크게 뜨고 나를 쳐다보았다.

아, 아니야, 내가 착각했나 봐.

싱겁긴.

＞ 그의 아이는 무척 순했다. 누구를 닮았는지 속눈썹이 무척 길었다.
  피곤했던 아이는 벤치에서 잠이 들었고 늘어뜨린 작은 손엔 빨간 매니큐어가 반쯤 벗겨져 있었다.
  자다가 손가락을 몇 번 움찔했는데 깨고 나면 전혀 기억 못 할 행복한 꿈을 꾸느라 그런 거라고 그는 말했다.[*]

  그 말은 겹겹의 유리 너머에서 들려오는 듯했고
  아직도 거기 도착하지 않은 것처럼 아득하게 느껴졌다.

---

[*] 알랭 레네 감독의 영화 「히로시마 내 사랑」.

# 염소의 미간

 방문 앞에 염소가 있었다. 무릎을 접고 앉아 노란 눈으로 마당을 바라보았다. 그가 지키던 주인이 마지막 숨을 놓을 때까지 문 앞에서 꼼짝하지 않았다.

 어느 날 염소는 툇마루를 뛰어올랐다. 여인의 홑이불과 누런 달력을 씹어 먹고 발가락도 하나씩 뜯어먹었다. 차례로 머리카락을 질겅이다가 밖을 내다보기도 했는데 땀과 먼지에 전 그 맛을 음미하는 듯했다. 염소만이 아는 전생의 맛이었다.

 씹는 동안 염소의 미간은 더 멀어지고 눈동자는 옆으로 더 길어지고 있었다. 마당에 서 있는 나를 보면서도 자신의 뒤통수 쪽을 보고 있었다. 죽은 사람의 기억과 산 사람의 기억이 만나 숲 언저리를 맴돌고 있었.

 풀밭에 누워 있던 나는 한참을 일어나지 않았다. 염소는 지척에서 풀을 뜯고 있었다. 어제의 들판을 그제의 들판을 10년 전 들판을 되새김하고 있었다. 짤랑이는 방울소리 사이로 염소와 나의 시간이 뒤섞이고 있었다.

> 늙은 염소는 무릎이 닳아 사람이 와도 잘 일어나지 않았다. 마당에서 놀던 아이는 어른이 되어 집을 떠났고 벽이 무너지고 지붕이 내려앉은 그곳엔 까만 염소 똥 몇 굴러다녔다.

나는 바위에 앉아 먼 염소의 울음을 들었다. 웃자란 풀이 손등을 간지럽혔고 문득 오래전 일이 생각난 듯이 내 미간이 멀어지고 눈동자는 옆으로 길어지고 있었다.

## 제너레이션

마을 사람들이 밭에서 들밥을 먹고 있었다.
추수 끝날 무렵의 늦은 오후였다.
그들은 들판에 서 있는 나를 보고 동작을 멈추었는데 따르던 술이 사발에서 넘쳐흘렀다.

숲으로 들어가기 직전인지 나온 직후인지 처음부터 빈손이었는지 아닌지
말할 수 없었던 게 아니라 말할 필요가 없었을 뿐이고 그것은 이상한 죄책감으로 오래 남았다.

당신들이 모르는 건 나도 모른다고요 말하고 싶었지만 무얼 모른다고 해야 하는지 알지 못했다.

*

친척과 이웃 들이 모여 마당에 솥을 걸고 옥수수를 삶았다.
한 노인이 내가 낯익다고 했는데 나도 그가 누군지 알 것 같았고 그러나 그 얘기는 반칙인 것 같아 하지 않았다.

&gt; 우리는 한 가족의 몰락에 대해 얘기하다가
　그건 사실과 달라! 누가 그들을 대변하듯이 목소리를 높였고
　그러나 그가 직접 본 것은 아니라고 했다.
　우리 대화를 모두 듣고 있는 듯이 대문 밖 옥수수밭이 수런거리고 있었다.

　그 여름밤 풍경은 낱장의 사진으로 남겨졌는데
　사진에는 지금은 죽고 없는 한 사람이
　하나 더 먹으련?

　어린 나에게 옥수수를 내밀며 웃고

*

　이 주변이 개발될 거란 소문은 오래됐지만 그럴 조짐은 보이지 않았다.
　정권이 바뀌어야 한다고 이대로는 글렀다고 노인 몇이 분을 터트리고 있었다.

> 이거 계산해 주세요.

우리는 아까 봤던 사람들을 여러 장소에서 다시 만났다. 코스가 비슷한 것 같은데 같은 블로그를?

오랜만에 옛 마을을 둘러보았다.
고택을 개조한 카페가 성업 중이었고
다음 장소로 이동하려 했을 땐 주차된 차들이 많아 그냥 지나쳐야 했다.

3부

## 우리들의 왕


그때마다 거기 왕이 있었다 체육 시간 줄지어 달리거나 방과 후 손등에 모래를 쌓고 허물 때에도
왕은 높은 단상에서 밤낮 무얼 보고 있었는지
어둔 운동장 축구하던 소년들 집으로 가고
청동의 굴 안으로 지친 저녁 잦아들 때

그동안에도 어딘가 새로운 동상은 만들어지고 밧줄에 묶여 눈비 맞으며 산과 들을 달려가고
어리석은 백성을 어여삐 여겨
운동장의 왕은 말이 없으니

잠에 취해 깨어난 방
빛의 각도에 소원 하나씩 자르던 소년은 이제 마을을 떠났거든 다신 안 올 것처럼
다만 운동장 구석 바람 빠진 공의 무게감을
꼭지 떨어진 수돗가의 목마름을 지금도 기억하고

캄캄한 복도 플래시에 비친 그림들 차례로 지나는 꿈속에서 교정의 노란 꽃향기가

콧속을 지나 이마 깊숙이 스며 왔거든

그때 생긴 무릎의 생채기가 가끔 아려 와
우리는 각자 다른 시간에 거길 들렀던가 보다
땅 아래 묻은 캡슐은 까맣게 잊고 지형은 조금씩 움직여 도시 아래 구겨져
화제의 중심이던 그 주인공은 이제 괴물이 됐대
숲에서 멧돼지를 만나면 눈을 보라던 선배는 죽고

뭘 똑바로 쳐다봐

세상의 힘센 장군을 만난 어린 왕은 청동 안에 깃들어 다시 무릎을 모았네
텅텅 울리던 동굴 밖 공 세례가 그리워지기도
사람들은 이제 하찮은 우상을 버렸다지만

한 번도 스스로의 믿음이었던 적 없는
개울의 거머리나 매에 쫓기던 방울새거나
대개는 밤의 경비원이던 우리들의 왕

> 학교가 철거되고
　쇳물에 녹아 먼 시간을 떠돌다
　물가에 앉은 아이들 보드라운 발가락 사이를 흘러

　어느 교실의 역사 시간 어지러운 색점들 뒤로 낯익은
그림자처럼 어른거리며

# 기억이 지나간 흔적


교외로 한참을 걸어 나갔다.
겨울의 빈 들이 있고 그 앞에 마른 개울이 있었는데 왠지 낯설다고 했더니

여긴 처음부터 이랬어, 옆 사람이 말했다.

가다가 빈 축사를 보았다.
지붕이 무너지고 사방이 뚫려 있었는데 여기도 원래부터 이랬어, 그는 말했고
원래 그런 것은 과거가 아닌 내가 몰랐던 쪽으로부터 계속 생겨날 것 같았다.

무거운 자루를 끌고 야산에 들어가는 사람과 눈이 마주쳤을 땐 금방 잊어 주기로 마음먹었다.

조금 더 들어가니 외딴집이 나왔고 집 앞에 낡은 의자가 있었다.
주인은 집 안에 누워 나오지 않았는데 원래는 내가 부르면 나오기로

우리가 방문한 이 시간을 오래전부터 되감기하고 있던 사람인지도 모른다.

　담벼락 옆에는 속옷과 양말 한 켤레가 널려 있고 그 빨래는 그 자리를 벗어난 적 없었던 것 같았고
　보았지만 보지 못한 것이
　얼굴이 뭉개져 평범한 풍경이 되고 만 것이 키가 점점 낮아지고 있었고

　우리가 떠나고 한참 뒤에야 느릿느릿 빨래 걷으러 나올 한 사람을 생각하느라
　돌아와서는 아무 일도 못 했다.

# 제너레이션

가게에서 막 배달을 나가는 자전거 뒤로 설탕 포대가 길에 줄을 그으며 지나고 있었다.
그 옆에 서 있던 단발머리 소녀가 설탕 가루를 입가에 묻히고 웃고 있고
그녀를 힐끗 보던 배달부는 마주 오는 트럭을 피하느라 잠시 휘청거렸다.

소녀는 온종일 마을을 헤매고 다녔고 밤늦도록 놀이터에 혼자 앉아 있곤 했는데
아무도 부르러 오지 않는 그녀를 지금 내가 여기서 부른다면 잠깐 돌아볼까.

20세기를 오래전에 지나온 것도 같은데
그 전과 후가 쪼개진 대륙처럼 무한히 멀어져 나는 태평양 한가운데 무인도처럼 남겨졌거든.

이제 뭘 하지?
손가락 하나 입에 물고

*

  전날 밤 나는 식은땀을 흘리며
오! 다이애나! 제발 한 번만 용서해 주세요!
다신 안 그럴게요!
다신 안 그럴게요!
두 손 모아 싹싹 빌면서 잠꼬대를 했다.
V 시리즈*가 한창일 무렵이었다.

  집에 오니 파마머리 덥수룩한 여자가 마루 끝에 앉아 어린것에게 젖을 물리고 있었다.
  외계인이 침공했는데 그런 모습으로 인류 멸망을 맞는 건 좀 아니잖아요?
  여자에게 말하려는 걸 나는 참고 있었다.

  여자는 나를 보더니 학교 마친 지가 언젠데 이제 왔냐고 나무랐고 그때 여자 품에 있던 어린것이 움찔 놀라더니 이내 잠잠해졌다.
  마당엔 기저귀가 하얗게 말라 가고 개 밥그릇 주위로

파리들이 날아다녔다.

나는 방방마다 드나들며 냉장고와 서랍을 뒤지다가 TV 앞에 앉았다.
온갖 요술 차 마술봉 딱부리 들이 머리 위에 별가루를 뿌려 댔고
밀키스를 손에 쥐고 달콤하게 윙크하던 주윤발은 미래의 내게 은밀히 해 주려던 말이 있었던 것 같았네.

*이거 죄다 거짓말이야*

\*

운동장에 쓰러진 아이가 온몸을 비틀며 입에서 거품을 뿜고 있었다.

모두 들어가!

교실로 들어온 우리는 창문에 매달려 사태가 종료되는

걸 지켜보았는데
  머리 위에서 해를 가리며 그늘을 만들어 주던 선생님이 아이에게 뭐라고 속삭였는진 알지 못했다.
  호두나무 넓은 이파리 사이로 성글게 빛이 내리쪼이고
  떨어진 호두 열매가 여기저기 나뒹굴었다.

  텅 빈 운동장에 다리를 걸고 철봉에 매달려 있으면
  뻐드렁니 그 아이가 저만치 서 있고
  웃는 건지 찡그린 건지 모를 얼굴로 손을 내밀며 내게 호두알을 주려고 했다.

  왠지 모르게 나는 도망가듯 집으로 달려갔는데
  낯익은 개울도 지나고 교회와 마늘밭도 지났지만 집은 나오지 않았고
  그 뒤로도 나는 밤이나 낮이나 헐떡이며 달아났고

  세월이 흐른 후에도 아이는 아직도 거기 서 있는 것 같았다. 쥐고 있던 호두가 다 썩어서
  손과 함께 녹아내리면서

\*

20세기의 나와 21세기의 나는 눈을 마주치지 않았다.
누군가 먼저 피한 거겠지만

나중에 서로 돌려주게 될 얼굴 하나씩을 쥐고

\*

남자와 여자는 공원에 있었다.
남자가 바짝 다가와 앉으며 옆구리를 더듬으려고 했다.
미쳤니?
여자는 남자를 세게 밀쳐 버렸고 놀란 남자는……

저런 드라마 너무 뻔하지 않아?
응, 정말 구려!
그렇게 말하면서도 우린 그런 뻔한 이야기를 더 기다리고 있었다.
일어날 일은 그대로 일어나도록

일어나지 않았어도 달라지는 건 별로 없었던 우리 기쁜 젊은 날*에

* 미국 SF드라마 「V」.
** 배창호 감독의 영화 「우리 기쁜 젊은 날에」.

# 신도리코

복도에서 두 사람이 창 아래를 내려다보고 있었다.
고갤 내민 채 그들은 말이 없고
충격을 보존하는 등과 고요히 폭발하는 등 사이로 바람이 불어왔다.
오른쪽 비탈면에서 숲이 기울고 있었다.

사건은 순식간에 처리됐다.
창을 열면 숲 그림자를 반 바퀴 돌려놓고 가는 것들
시시때때로 나무 사이를 지나는
사람 아닌 것들

어둑한 실내에서 밥을 먹었다.
다음부터 두부는 이렇게 으깨지 말자. 사태를 가리는 듯 모호한 깨 장식도
잘못 배달된 택배를 받으러 갔을 때 반갑게 꼬리치던 강아지는 누가
거실 한편의 모사하다 만 정물화는

복도에 있던 보조 의자는 치워졌다.

화분 받침이었다가 미니 사다리였다가
햇볕 한 줌 앉은 엉덩이 받침 위로 시선이 잠깐 얹히기도 하던

빈집엔 아무도 거두지 않은 전단지들 붙어 있고
문틈으로 새 나오는 무거운 냉기
반 뼘쯤 떠서 가만히 오가는 걸음

복사기에서 종이가 빠져나왔다.
확신 없이 말하기에 대한 곤경도 없고
악의도 없이

잠시 고갤 들어 본 하늘엔 이제 막 여름이 지나고
텅 빈 주차장엔 차가 서너 대

# 해설사

 자갈 밟는 소리가 났다.

 석상(石像)이 '나'인 척 옆에 다가서자 넋 놓고 앉아 있던 그는 놀란 눈으로 고갤 들었다.
 왜 그렇게 놀라냐고 곁에 선 내가 물었는데 그는 아무것도 아니라고 했다.
 마당을 덮은 대숲 그늘이 흔들리고 있었다.

 여기가 왠지 낯설지 않아요. 연고지는 없지만
 내가 행불자가 되어 적십자병원에 누워 있으면 얼굴 모르는 먼 친척이 찾아와 줄 것 같아요.
 잔디를 쓰다듬으며 그는 말했고

 무덤 둘레에 새겨진 십이지신상을 둘러보다 곰이랑 여우는 섭섭하겠다라거나 그런데 쥐는 왜 여기 껴 있는 거야라거나 드문드문 말을 잇다가
 그러고 보니 올해 원숭이띠는 물가를 조심하라던데

 그걸 믿어요? 내가 웃으며 묻자 그의 표정이 살짝 어두

워졌다. 어느 숲에선가 나무 사이를 뛰어다니던 산짐승 소리가 돌연 멈춘 것 같았고

   오래전 예정된 어떤 일이 방금 돌이킬 수 없이 끝나 버린 것 같았고

   단체 관광객이 막 들어서고 있었다.
   해설사에겐 긴 인중이 있었는데 방학 중 학교에 남겨진 토끼만큼 선명했다.
   그는 남몰래 내게 뭔가 속삭이려는 듯 조금씩 입술을 움직였는데
   그때 나는 내 인중을 잠시 만져 보았던가.

   입구의 석상은 머리가 없었지만 괜히 내게 심술 난 표정을 짓고 있는 것 같았다.

## 읍

읍내에서 기다린다고 했다. 조금 더 들어오라고 했다. 알겠다고는 했지만 얼마나 들어가야 하는지 알고 말한 건 아니었다.

어디쯤이 읍내일까.
한번은 갔거나 꼭 한번은 갈
낯익은 골목의 어느 파란 대문 앞
나를 아는 듯이 바라보는 늙은 여인이 사는
어딘가의 중심이자
어딘가의 끝

읍은 늘 거기 있었지만
종묘상도 있고 안경점도 거기 있었지만
기억은 그 자리로 돌아오지 않아 산과 들을 떠돌며 노숙을 하고
낯선 행인에게 불쑥 말을 걸고

미래의 읍에서는

예전엔 보지 못한 것들 이제는 없는 건물 사이를 오가는 늙은 내 그림자 나를 알아보는 노란 눈 고양이와 밀려간 시간 뒤에 남은 희미한 물결무늬와 조금씩 다가오는 오래된 예감

　　읍민은 알지만 나는 모르는 읍의 시치미를
　　읍의 망각과
　　읍의 우울을
　　언젠가 돌아오기로 한 빛바랜 약속 같은
　　읍내에서

　　문이 열린 작은 가게를 지나고 있었다.
　　미리 녹음된 웃음에 맞춰 같이 웃는 걸 좋아하는 남자가 시트콤을 보면서 앉아 있었고

　　나는 언젠가 그랬던 것처럼 길을 묻고 있었다.

## 흰 탑은 흰 그림자를


  방문객은 거의 보이지 않고 정자에 오르면 보이는 것은 재개발 중인 아파트 공사장
  간간이 집 허무는 소리

  누군가와 헤어지기 좋은 곳이군. 구도심 평일 한낮의 사적(史蹟)공원은
  노인들이 모여 바둑을 두고
  뭔가의 근원에 대해서라면 생각해 본 적 없다는 듯이 아직은 옷이 얇다고 자꾸 투덜대기나 하면서

  곳곳의 흙먼지와 나타난 적 없는 시설물 관리 책임자와 임진년에 죽은 일곱 의병의 플래시백을
  공터에 걸린 훌라후프를 지나 길고양이 구불거리는 등줄기를 지나 담장 아래 쌓인 기와를 타고 뛰어내리는 의식의 흐름을
  사당 뒤에서 들려오는 누군가의 인기척과 그가 방금 지나온 시간의 낯선 통로와 그 통로에서 불어오는 서늘한 바람

곳곳에 세워진 공유 자전거

흰 탑은 흰 그림자를 갖고 싶었지만 갖지 못하고
나는 내 그림자 찾으러 탑 주위를 빙빙 돌며 숨바꼭질을 했다.

기체조 회원들이 나무를 향해 원을 그리며 돌고
단전이 배꼽 아래 있다가 나무 중심에 있다가 바닥을 콕콕 쪼며 비둘기를 따라갔다.
날개를 펴며 날아오르자 단전이

공중 부양

밤새 정자에 거꾸로 매달려 있을 의병 유령이 얼마 후 구경하게 될 신축 아파트 야경을 떠올리며
내 그림자와 탑 그림자가 바뀐 줄도 모르고 서서

# 여독

승객들은 막차를 타지 않는 나를 비스듬히 내려다보았고 버스는 출발했다.
그들은 자신이 어디로 가는지 다 아는 표정이었다.

한 사람이 길가에 쓰레기를 묶어 내놓다가 나를 멀뚱히 쳐다보더니 다시 골목으로 들어갔다.

문이 열린 어둑한 상점에는 여자들이 둘러앉아 나물을 다듬었다.
저건 오래전에 내가 그만둔 풍경
입이 부루퉁해진 나의 소녀가 땅을 툭툭 차는
아무 일도 일어나지 않는 생일 저녁 같은

빈방 있어요?

노인을 따라 골목으로 들어가니 마당에 낡은 의자 두 개가 달빛을 받고 있고
그 의자에 앉아 나누는 이야기는 이 세상 이야기가 아닐 것 같았다.

> 나는 창을 등지고 돌아누웠다.
　창밖의 대숲은 나보다 더 많이 뒤척였고
　맞은편 벽시계는 멈춰 있었고
　오래된 벽지가 물결무늬를 무한 반복하는 동안 방은 밤새 어디로 떠내려가는지

　어느 새벽 누가 냉장고 문을 열고 서 있으면 저 멀리 세상 끝에 저런 불빛이 있을 것 같고
　나는 아직 그 마을을 서성이는 것 같고

　창가에서 또르르 굴리던 소녀의 돌멩이 소리가

# 기울어진 나무가 서 있는 들판

그 사람들은 왜 거기서 내렸을까. 거긴 덩그러니 공장 밖에 없는 벌판인데

다들 잘 차려입고 역을 빠져나갔고
그들을 모집한 이의 얼굴은 알 수 없었다.
머리에 왕관을 썼는지 이가 까만지
그들은 자원했고

나는 그것이 누군가의 실수였다고 생각하지 않는다.

벌판 위 거대한 굴뚝에서 연기가 올랐다. 텅 빈 거리엔 사람 그림자 하나 보이지 않지만
어디서는 거대한 유리나 강철을 만들고 또 어딘가엔 손님이 끓는 백반집이

이런 곳에서 10년쯤 살아 보고 싶었지. 물도 안 마시고 화장실도 가지 않고
컨베이어 벨트 앞에서 온종일 일만 하다 돌아와 죽은 듯이 자는 삶

> 낯설고 외진 땅에 정착해 자신의 주소지를 갖고 아이를 낳아 기르고
자신의 도구를 쥐게 되면서부터 도구의 방식으로 말하고* 그 도구로 누구를 패기도 하면서.

이어폰을 꽂고 역방향에 앉아 빠르게 밀려나는 풍경을 보고 있었다.

여기까지 와 주셔서 감사합니다만……

높은 의자가 뒤로 젖혀지고
책상 유리에 반사된 구름을 보며 손톱 거스러미를 뜯고 있는 한 사람이 있었다.

---

* 황정은 연작소설 『디디의 우산』.

# 국도변

이 길로 가다 보면 나온다고 했다.
무엇이 나올 것인가 살아 있는 무엇
죽어 있는 무엇이 나와 한적한 교외의 길을 가로막고 눈앞에 불쑥 나타나게 될까.

이 길로 계속 가기만 하면 발견하게 될
어디에나 있지만 이 세상엔 없는
흔한 풍경이 거기

논밭 너머 우뚝 선 가건물에 "자주 근면 협동"이라고 쓰여 있고
용도를 알 수 없는 비닐하우스가 줄지어 있고
드문드문 서 있는 농가 마당에는 초록색 새마을 조끼를 입은 헐렁한 유령이 빨랫줄에 널려

한 사람이 긴 장화를 신고 창고 뒤로 막 사라지는 걸 보았는데
그가 모서리를 돌자마자 그 뒤쪽의 시간이 닫혀 버렸다.

뒤꼍에서 들려오던 요란한 새소리를 끝으로 그 장면은 끊어졌고
그 후로도 그 순간은 다른 기억 사이에 맥락 없이 더러 끼워졌다.


마을 입구에 "개발 예정 지구"라고 쓰인 팻말이 있었다.
몇몇 빈집과 작은 폐교도 보았는데
담벼락 낙서에서 웃고 떠드는 아이들 소리가 들리는 듯했고


어디선가 많이 본 그림인데?
생각하다가
그렇다면 이 길에서 좀 더 들어가 보자고
마음먹었다.

# 유라시아

중간에 화장실을 다녀왔다.
물 위의 새를 보고 있던 나에게 다시 돌아가려고 했는데 새는 이전의 나를 데리고 날아가고 없었다.

나는 새로운 나를 벤치에 앉아 새 모이 주는 노인 곁에 두었다.
노인은 아침마다 새를 불러 모았고 나는 죽지 아래가 조금 가려웠는데
그것은 잊고 있던 내 유년의 처소가 자꾸 떠오르기 때문인 것 같았고
더 이상 그가 보이지 않게 된 후에도 그 장면은 그 자리에서 계속되었다.

공원은 매우 조용했는데

그때 들리던 새 울음은 내가 어릴 적 시장에서 만난 물피리 소리
눈앞의 새가 도자기 목젖을 달고 지저귀는 소리
비로소 자신의 이야기를 바깥에

들려주려는 듯이

 오랜 이야기를 휘젓고 반죽해서 나는 외이도(外耳道)의 가마 안에서 나만의 새를 굽고 있었다.
 새 부리에 도금한 노래를 물려 구슬처럼 구르게 하고 무지갯빛 기름방울이 정수리로 퐁퐁 솟구치게

 날씨가 좋았다. 최신의 햇볕이 내리쬐는 길을
 최신의 기분으로
 언젠가 나도 매일 공원에 나와 옛 기억을 한 자리로 불러 모을 것이고
 그중의 몇은 아프게 손을 쪼기도 할 것 같았다.

# 꿈을 이야기해 주면 잊어버리지만
# 꿈속에 끌어들이면 같은 꿈을 꾼다*

밤에 산책을 했다. 낯선 길이었고
가다 보니 언덕이 나왔다.
여기까지 오려고 한 것은 아니었지만 기왕 온 김에 계속 올랐고
언덕을 반쯤 올랐을 때 비가 뿌리기 시작했다.

몇 번 미끄러지면서 힘들게 오르던 중에 기다렸다는 듯 누가 불쑥 손 내밀었는데

왜 이제 왔어? 그가 말했고

그러고 보니 이 마주침이 오랜 약속처럼 느껴졌다.
한번쯤 만날 거였다면 비 오는 밤에 이 언덕이라서 더 반가운 걸 거라고 생각했다.

언덕 위 나무에 매달린 그네가 흔들리고 있었다.
내 뒷모습이 한 사람의 잠 속에서 젖고 있었다.

인가의 불빛을 함께 내려다보다가 간단히 헤어졌다.
이 만남도 며칠 뒤면 희미해질 것이고
언젠가 또 마주치더라도 컴컴한 그 미소만 생각나겠지.

그러고 보니 그 입가는 누구를 무척 닮은 듯했는데
내려오는 길에 금세 잊어버렸다.

언덕 너머 길을 따라가니 불 켜진 집이 보였다.
방금 전 만났던 사람이 길 끝에 서서
여태 거기서 뭐 하느라 이제 왔냐며 얼른 와서 밥 먹으라는 시늉을 했다.

겉옷 하나 가볍게 걸치고 나왔는데 너무 멀리까지 온 것 같았다.

\* 티베트 속담.

4부

## 고전적인 구름과 들판의 심도


둘러앉아 있었다 언젠가 다들 그러기로 한 듯이
도시락을 열자 오늘은 들어 있지 않고
모든 게 제자리에 당연히 있어야 할 형태로 다소곳이

여기는 어디일까 이 풀밭 위의 점심은 어딘가로부터 훔쳐 온 것 같아
지금 우리의 것이 아닌 것 같아
강 건너 홀로 서 있는 저 나무 좀 봐 누군가에게 고용된 배우 같은 저 사람들도
마을 너머엔 숲이 있고 그 너머엔 늪이 또 그 너머엔 다른 숲이 이어지고

기억을 재구성한 세트장처럼 안전한 세계에 우리는
각자의 의상과 불안과 그림자를 데리고
적절한 미소와
약간의 찡긋거림을

재조립되는 구름과 뒤로 나는 새들과 다시 쓰고 싶은 각자의 이야기들

> 와인을 붓다 말고 한 사람을 보았다 푸른 재킷을 입은 강 건너 나무처럼
　영원히 완성되지 않는 서사의 한가운데
　정지된 채 서 있는 그를

　나는 참을 수 없는 하품을 연신 하느라 자주 눈을 감았고
　꽃잎은 감은 눈 안에서 검게 날리고
　오래전 꽃잎과 함께 비스듬히 떨어져 내리던 아이

　이후로도 꽃잎들은 멀리 날아가 모르는 밤의 창가를 두드렸는데
　이따금 그 아이는 우리가 모르는 사이 우릴 찾아온 적이
　열지 않은 스팸 메일처럼 소리 없이 지워진 적이

　끝없이 이어지는 수풀과 수풀 사이 모두 잠든 창문과 골목 사이 어딘가에서
　먹을 수 없는 이상한 열매처럼 말없이 서 있던 적이

풀밭 위의 식사를 했다
유적지가 된 사람들처럼 낮게 두런거리며
이미 지나간 것이 아직 지나지 않은 어딘가를 보고 있었다

저 멀리 다가오는 뭔가가 우리 얼굴을 알아보는 것 같았다

## 통속의 세계

너 이러는 거 유전이야? 누가 그런 말을 했을 때
　물속의 파동은 느리게 출렁이고 금붕어 눈은 한순간 확대됐다
　낡은 선풍기가 회전하다 꺽꺽 소리를 내고 먼지들이 공기의 변화를 녹취하고 있었다

　그 선택이 옳았는지 확인하기도 전에
　받아들이고 있었던 건 아니냐고 이미 이해할 준비가 돼 있던 건 아니냐고f 누가 물었고
　방관자였던 네가 할 이야기는 아니라고 늙은 여인은 말했다
　각자의 목소리는 서로 다른 시공을 달리고 그때 창가엔 오래전 죽은 이가

　신호가 바뀌자 꽃가루가 자욱이 횡단보도를 건넜다
　다 말해지지 않았지만 모든 게 누설됐고 그때 TV에서 누가 달걀프라이에 담배를 눌러 껐지
　아니 톰과 제리가 달리고 있었나 아무리 죽여도 죽지 않는 톰을 나는 사랑하고

> 그날 나는 거기 없었는데

  똑똑히 기억하고 있어 부정할 수 없는 그 사건에 개연성을 부여하는 건
  지금 여기 도착한 단 하나의 무료함
  누구는 요즘 코인을 하고 누구는 일찌감치 이 나라를 떴는데요


  실내의 보호색은 투명해서 있는 그대로를 보여 준다
  자기 자신으로 위장한 사물들
  그들의 단단한 표면에 반사돼 되돌아오는 내 표정


  그땐 나도 살아 보려고 그랬다던 춤바람 난 부인들의 막장극을 보는 저녁


  오늘 뭐 먹지? 입가를 긁으며 나는 천천히 일어나

# 파리 끈끈이가 있던 풍경

하나뿐인 마을 약국이 문을 닫았다
약사 부부는 제초제를 먹고 나란히 죽었다
둥글고 아름다운 약들은 말이 없고
흰 가루가 안개에 섞여 천변을 걸어 다녔다

멀리서 한 남자가 몰고 오는 하수구 냄새
미친개한테 물리면 약도 없다던 말
심부름 가던 아이는 겁에 질려 달아나며 전생의 빛 속에 스치는 얼굴 하나를 보았다

관절 없는 걸음이 쿵쿵 땅을 찍고 방울 소리가 요란하게 귓가를 울리고
침 흘리는 가로수
땀 흘리는 전봇대들
남자 뒤로 개천의 물이 어깨를 벌리며 일어서고 떨어진 물고기들이 길바닥에 퍼덕이는데

미친개가 달아나는 동안 모퉁이 뒤에서 나는 꼼짝하지 않았다

아이는 누워서 일어나지 않았고
거기서부터는 무엇이 개의 일인지 나의 일인지 알지 못한다

집에 돌아와 일찍 자리에 누웠다
숲에서부터 검은 잎들이 서로의 몸을 기대며 파도처럼 밀려오고 있었다
온종일 뜨개질 하던 할머니가 어두워진 문밖을 쳐다보더니

이젠 제법 바람이 차네

털실 뭉치가 바닥을 굴렀다
부엌에 매달려 있던 파리 끈끈이가 바람에 흔들리고 있었다

# 제너레이션

마을 입구에 세워진 누군가의 충효비를 보았다.
나 저거 알아.
네가 어떻게 저걸 알아?
그냥 알아 내가 왜 아는지는 나도 잘 모르지만

마을이 끝나는 곳에 또 다른 일가를 이루고 사는 오래된 그늘도 있어.
효자도 있고 열녀도 있고 지금은 테니스장으로 변해 말끔해진 그 자리에
탯줄 단 채 묻힌 아기 무덤과 처형된 상간 남녀와 산송장으로 버려진 노인이 있고

내가 들은 건지 본 건지 모르는 그러나 왠지 알 것 같은 일들이
저 골짝 너머에 무수히 묻혀 있어. 지금은 관리 공단이 정비해 자갈을 깔고 벤치도 놓았지만

(풀 매던 공공 근로자들이 자전거를 세우고 쉬는 우릴 쳐다보았다.)

> 예전에 이 근처에서 채집한 나비가 아직 집에 있어.
그런데 진짜 나비는 거기 있고
지금 내가 갖고 있는 건 그때의 두근거림
그리고 약간의 죄책감
그것 말고는 거기서 아무것도 데려오지 못했거든.

내가 또 데려오고 싶었던 건 수수하게 예쁘던 풀꽃들과 몸도 못 가누던 여린 햇빛이었는데
아직도 그 풀밭이 가끔 생각이 나.

기념사진을 찍고 위성 지도로 식당을 찾고

다시 못 볼 그것들을 두고
우린 출발했다.

# 내국인

공장 굴뚝의 긴 그림자가 길을 덮고 있었다.
언젠가 저 그림자와 흰 바닥의 선명한 대비를 본 듯하고 그 아래 누가 쓰러져 누워 있었던 것 같은데 오늘은 행인 하나 보이지 않았다.

여기가 아닌가.

그늘에 있던 외국인 노동자들이 저 멀리 모퉁이를 가리켰고 어쩌면 거기서부터 이 구도를 다시 반복해야 할 것 같았다.

여기는 한국이 맞는데 한국 사람도 한국 간판도 보이지 않고 하늘엔 국적 없는 구름이 흐르네.

건물의 거대한 입구로 지게차가 들어가고 있었다. 분해되고 폐기된 것들이 조용히 어딘가로 이동했다.

지긋지긋한 이 골칫거리들이 쥐도 새도 모르게 사라졌으면 좋겠어! 투덜거리던 어느 날부터 보이지 않던 것들이 저기로 끌려갔나.
　죽은 자들의 금이빨이 저기서 녹고 있나.

　끝없이 깨어나기만 하는 내용 없는 꿈속에서 누군가 유령처럼 앉아 있었다.

　이제 막 사다리를 타고 굴뚝에서 내려온 사람이 넓은 마당을 가로지르는데 걸어도 걸어도 마당은 끝나지 않고

　그가 가로지르려고 하는 것이 그의 오늘이 아닌 것 같았다.

　긴 담장을 따라 그 길을 지나오는데
　지게차 안에 떠 있던 안전모가 이쪽을 보고 웃고 있었다.

# 내가 그때 알던 물

미안해요 하려던 말을 잊어버렸어요.

사실은 거짓말이었다. 내가 하려던 말은 나를 남겨 두고 혼자 걸어가 지금쯤 집에 다다랐을 것이다.

한동안 우린 물 위의 오리를 보고 있었다고 생각했지만 그것은 오리가 아니었고
눈앞에 호수는 있지도 않았고
아까부터 저기서 우릴 향해 짓궂은 표정을 짓던 아이가 의자에 드러누워 테이블을 차기 시작했다.

피곤한 날이군. 하늘은 점점 흐려지는데
이쯤이면 이제 우리 중 누가 물을 엎지를지도.
괜찮냐고 거듭 미안하다고 말하며 급히 닦다가 다시 컵을 깨뜨리기도 하면서

이런 날이 처음은 아닌데
이 장면들 중 내 기억이 아닌 것은 무엇이고 곧 다가올 경험은 또 무엇

> 휴일 아침은 탁자 위의 물방울 하나에서 흘러나와 시간의 앞뒤로 무한히 뻗어 가는데

어디선가 자동차 경보음이 들렸다.
어제의 꿈에서인지 근처 주차장에서인지 그 소리는 영영 끝나지 않을 것 같았고

좀 걸어 볼까요?

우리는 먼 길을 돌아 호수공원까지 갔다.
오리배들이 밧줄에 묶여 목을 까닥이며 무언가 알은척을 했다.

# 내가 그때 알던 빛

 쉽게 찾을 수 있을 거라고 했다. 거기엔 건축이 있고 교통이 있고 흰 낮빛들이 뭉개지거나 흐르고 있고
 너는 하나의 점으로 거기 서 있다고

 사거리 길모퉁이 앞 번쩍이는 빌딩 아래
 바퀴 달린 것들이 교차로를 지나 수없이 순환하며 되돌아오는 영원 속에서
 우리는 서로에게 미약한 신호를

 시가행진이 언제 끝날지 알 수 없었다.
 저들이 다 지나야 저길 건널 수 있는데
 주춤거리던 내 그림자는 숱한 발걸음에 짓이겨지고

 제복 입은 사람들이 지나고
 전통 의상 입은 사람들도 지나고
 머리 큰 마스코트 인형이 이쪽을 향해 손 흔들었다.

 화답해 주는 유일한 사람이 여기 있다는 듯이

꽃종이가 날리고 군악대 소리는 높이 울려 퍼지는데
나는 창백해진 이마의 땀을 훔치며 연신 시계를 보면서
지금 도무지 갈 수가 없다고
미안하다고
조금만 더 기다려 달라고 전화에 대고 울먹이고 있었다.

너무도 태연한 듯이 너는
괜찮다고
괜찮다고
걱정 말고 천천히 오라고……

그때 저 멀리 퍼레이드의 꼭대기에 여왕으로 앉은 네가 나를 보고 환하게 웃으며 지나갔다.

네 장난이 좀 심하다고 생각했다.

# 목련주공

그는 강변을 따라 걸어왔고 목련이 벌써 지고 있더라고 말해 주었다.

새를 돌보다 나왔다고 지금쯤 죽은 듯이 자고 있을 거라고 문단속을 잘했으니 이제 아무 일 없을 거라고 말하면서

남모르는 아픈 동생이라도 두고 온 사람처럼 내겐 그 말이 이상하게 들렸다.

그 새는 얼마나 클까. 몹시 난폭하고 시끄러워 이웃의 원망을 듣진 않을까.

새장을 나온 새는 냉장고를 뒤지다 자위를 하거나 빈 집을 서성이고

창가로 햇빛이 깊숙이 들어와 눈이 부셨다.

그의 안경에 비친 풍경을 바라보는 동안 나는 어둑한 골목 안의 커다란 홍등을

그 밑에 서 있는 한 사람의 쓸모없이 커다란 날개를 본 듯했고

▷ 그의 침묵의 내용이 내가 아는 그간의 시간들과 다른 것 같았다.

   우리는 주택가를 통과해 다시 강가로 나갔다.
   낡은 놀이터를 지나다 동그란 기구에 아이들이 앉아 빙빙 도는 것을 보았다.

   점점 빨라지면서 지워지는 얼굴들

   우리 이미 알고 있었지 않아? 이토록 평범한 미래*
   10년 후에도 20년 후에도 삶이 이대로 지속될 거라는 거
   그가 뜬금없이 그런 말을 했을 때 나는 잠깐 딴 데를 보고 있었고

   목련 아래 그의 후드점퍼가 잘 어울린다고 생각했다.

---

* 김연수 소설 『이토록 평범한 미래』.

# 왼쪽 어깨 너머의 날씨

숲 안쪽은 이미 어두워졌는데 아직 내려오지 않은 것이 있는 것 같았다.
비 그치면 내려오거나 비 그쳐도 내려오지 않기로 한 것이 머루를 따 먹으며 손톱이 까매지도록 앉아
바위벽을 타고 오르는 도마뱀 발톱 소리를 듣고 있을 것 같았다.

어둔 굴 안에 젖은 콧등을 움찔거리는 것이 있고 안개는 사람 냄새를 맡으러 걸어 다니고

새벽 일찍 수로를 살피러 온 노인이 나무 아래를 들여다보면 안광이 빗물에 씻긴 머루알처럼 빛나는 누가 앉아 있을 것 같았다.
비바람에 잎이 찢기는 소리 툭툭 열매 떨어지는 소리 들으며 밤새 웅크린 등줄기 위로 김을 올리고 앉은 것이

비는 서 있고
창문은 흐르는데
젖은 우산이 문 앞에 세워져 있었다.

> 그동안 어디 있었어?

뜨거운 국물을 들이켜는 사람에게 나는 물었는데
계속 여기 있었잖아! 그는 말했고

왜 한동안 안 보인다고 생각했는지 방금 어디 먼 길을 다녀온 사람을 보는 듯이
그러나 아직 다 오지 않은 것을 염려하는 듯이

좀 더 먹어, 하고
나는 국물을 떠 주고 있었다.

# 아직 다가오지 않은 기억들

내가 불시에 그것을 포착한 순간은 그것이 자신의 가장 완벽한 형태를 이루고 있을 때일 것이다.
변함없이 그들은 거기에 허물어질 것은 다 허물어진 대로 편안해져 있고

들일을 하던 사람들은 잠시 쉬러 갔을 것이다.
균등한 빛과 소리로 감싸인 채 눈을 감고
누가 먼저랄 것 없이 한쪽 어깨가 서서히 기울어지면서

이리로 들어가면 아는 사람만 아는 길이 나오고 신도들이 기도하러 가는 작은 절이 있고
오소리가 드나드는 길과 멧돼지가 드나드는 길은 하나도 겹치지 않을 것이다.
약수터 앞엔 나를 기다리던 한 사람이 산 밑을 물끄러미 바라보고 있고
그러나 돌아본 그는 처음 보는 사람일 것이다.

언제 한번 같이 가요 하던 그 사람은 이제 볼 수 없게 되고 그 약속은 희미한 기억으로 남게 될 것이다.

한참 뒤 나 혼자 그 길에 들어설 땐 그 풍경도 나도 서로에게 빚진 게 없어질 무렵일 것이다.

 대낮의 야외지만 조명을 켜야 한다고 너무 밝아서 얼굴에 짙은 그늘이 생긴다고 친구는 말하고
 나는 사진이 잘 나왔다고 좋아할 것이다.
 나중에 다시 오자 이 좋은 곳은 우리끼리만 알자 내가 말하자
 저번에도 그러지 않았어? 하며 너는 나를 빤히 쳐다볼 것이다.

 평지가 보이는 풀밭에 이르렀을 때
 언젠가 맛보려던 뱀딸기가 저렇게 생겼었지 생각하며 나는 막 손을 뻗으려는 참일 것이다.

# 아는 사람

잠시 멈춰 있었는지 모른다. 뭔가 쓰다 말고 자신이 쓰던 문장에서 잊고 있던 골목을 발견한 것처럼

애써 떠올린 건 아니지만 뜻밖의 순간에 이야기가 시작되고 골목 끝에 한 여자아이가 움직이는 게 보인다. 추운 날 맨발에 슬리퍼를 신고 쓰레기 버리러 나왔다가 이쪽을 쳐다보는데

뒤쪽 어둠에서 개가 짖는다. 내가 아직도 그때를 잊지 않고 있다는 것을 저 아이도 아는 것 같다.

추워. 어서 들어가. 그리고 넌 딴생각 말고 네 자리를 지키고 있어. 우린 언젠가 다시 만날 테니. 지금은 날 잊어도 좋아. 네가 미래를 못 알아봐도 미래가 널 기억할 거야. 내가 과거를 잊어버려도 과거가 날 기억하고 있을 거야.

그 후로도 가끔 그 골목에서 개가 짖고 눈발이 비치고 슈퍼에서 지하철에서 때론 손목을 뒤로 꼬며 담배 피우던 어느 골목에서 내가 힐끔거리면 나 알아요? 묻는 듯이 쳐

다보던 사람

 또는 나를 아는 사람이라고 착각하는 누군가에게
 제가 당신을 아나요?

 물어보고 싶어져서

## 등으로 기억하는

수반에 누운 돌은 매끄러운 곡선 안에 웅크려 자신보다 더 단단한 빛을 받쳐 들고 있을 것이다.

계절이 지나는 것을 눈으로만 마중하고 선 한 사람을 등에 새기고 바람은 떠날 것이다.

기억의 그물을 넓게 만들면 빠져나갈 건 모두 빠져나가고 그 자리엔 엷은 창 그림자만 남을 것이다.

산 그림자를 덮고 누워 있다가 오래전 일을 떠올리며 그 일이 실수였다는 것을 그제야 알게 될 것이다.

뒤늦은 질투와 수치심이 예기치 않은 모퉁이마다 넝쿨로 감아 오르는 것을 보게 될 것이다.

잘못 찾아온 기억이더라도 돌려보내지 않고 잠시 깨끗한 자리를 내어 줄 것이다.

청결만이 자신을 지켜 낼 최후의 보루로 알고 먼지와 사투를 벌이던 사람이 한꺼번에 밀린 잠을 자려고 할 것이다.

이미 끝난 것이 아직 끝나지 않은 것의 앞에 걷고 있을 때 익숙한 그 걸음을 묵묵히 따라갈 것이다.

어떤 것의 실체는 그 자신의 부재를 통해서만 겨우 드러나게 될 것이다.

늙고 병들어 대부분의 기억이 사라져도 나는 내가 아닌 게 아닐 것이고 내 기억이 사라지면 내 투쟁의 역사와 나만 알고 있는 사랑하는 사람의 말투 잠버릇도 모두 사라지겠지만 그 흔적이 어딘가에는 남아 낡은 서랍에서 발견되곤 할 것이다.

구름이 구름에 부딪치는 소리 꽃잎이 꽃잎에 부딪치는 소리 손등이 유두에 부딪치는 소리 이슬이 흙에 부딪치는 소리 온갖 슬픔과 기쁨이 부딪쳐 상쇄되는 소리 들으며 종일 지루해하지 않을 것이다.

친구여, 자네가 모르는 자네에 대해 알려 주고 싶은 게 있네. 어느 날 거울 앞에 있는 사람이 말을 걸며 내가 좋아하던 머핀이나 싫어하던 자장가 소리 무서워하던 땡땡이 무늬 같은 것을 알려 주려고 할 때 그것이 처음 듣는 말인 듯이 나는 눈이 커다래질 것이다.

어느 선량한 노인이 공원을 걷다가 아이들이 뛰노는 것을 보게 될 것이다. 숨이 차도록 달려 본 옛날을 떠올리며 신나게 공놀이를 하고 나서 둘러보는데 주위엔 아무도 없고 익숙한 목소리가 어린 그를 부르며 이제 집에 돌아갈 시간이라고

작품해설

# 기억은 흔들리는 것, 존재는 갱신하는 것

김동진(문학평론가)

존재-어긋남

존재란 무엇인가. 도무지 해결할 수 없을 것처럼 막막하게 느껴지지만, 살면서 한 번쯤은 마주치게 되는 질문이기도 하다. 삶의 환경이 다양해진 이 시대에도 마찬가지다. 우리는 존재를 설명하고 이름 붙이고자 끊임없이 시도한다. 혈액형, MBTI 같은 알파벳의 조합 외에도 새로운 명사들을 발명하여 우리 존재를 분류하고 규정하고자 노력한다. 하지만 철학이 태동한 고대부터 지금에 이르기까지 인간 존재에 대해 모두가 만족할 만한 대답은 아직 나오지 않은 것 같다.

이렇게 무겁고 복잡하고 어려운 질문을 굳이 언급하는

이유는, 김미령 시인의 지난 시집 『파도의 새로운 양상』과 『우리가 동시에 여기 있다는 소문』에서부터 이러한 문제의식이 녹아 있기 때문이다. 끊임없이 변화하는 존재를 꿰뚫어 보려 노력하고, 존재들의 공존을 고민하는 것이 김미령 시인이 꾸준히 보여 준 사유의 궤적이었다. 이번 시집 『제너레이션』 역시 '존재'에 대한 시인의 문제의식이 이어지는 것처럼 보인다.

    네가 왜 거기서 나와? 누가 그렇게 물었을 때 기계들이 웅웅거리는 소리만 거리에 가득 찼다.
    내가 왜 이제야 거기서 나왔는지 묻지 않는 게 나는 더 이상했는데
    그러고 보니 거기서 좀 더 자주 나왔더라면 좋았을 걸 하는 생각이 든다.

―「안개공단」에서

"네가 왜 거기서 나와?"는 예전 TV 예능 「무한도전」에 나온 뒤 유행한 문장이다. 예상외의 장소에서 어떤 사람을 마주쳤을 때 당황한 반응을 표현하기 좋은 덕에 현재까지도 패러디되며 쓰이고 있다. 그런데 이 말이 자주 쓰인다는 것은 예상외의 장소에 어떤 사람을 만나 당황하는 경우가 우리 일상에서 아주 잦다는 의미다. 어떤 면에서는 당연하게 느껴지기도 한다. 일상은 대체로 규칙적이라

고 여겨지지만, 실제로는 예상 외의 장소에서 사람을 마주치는 경우가 자주 있기 때문이다.

하지만 「안개공단」에 그려지는 상황은 그 당황함에서 한 발 더 나아간다. "누군가"의 입장에서 화자는 "거기"와 어울리지 않는 사람이지만, 사실 화자는 "왜 이제야 거기서 나왔는지 묻지 않는 게" "더 이상"할 정도로 그곳에 익숙한 사람이었다. 이 불일치는 주체가 타자를 받아들이는 방식이 무엇인지, 그리고 그 방식의 뚜렷한 한계가 무엇인지 보여 준다. 주체는 타자를 그와 함께한 기억으로부터 판단하고 정의한다. 따라서 주체는 자신이 경험한 기억 바깥의 타자를 알 수 없다. 「안개공단」의 '누군가'는 화자를 "거기서" 만난 적이 없기에, 화자가 그곳에 익숙한 사람이라는 사실을 모르고 있었던 것과 같다.

이처럼 김미령 시인은 일상적으로 익숙한 표현에서 타자 인식의 한계를 감각한다. 우리는 자신을 타자에게 온전히 이해받을 수 없다. 타자에게 인생의 모든 순간을 공유할 수는 없기 때문이다. 여기서 눈에 띄는 것은 화자가 보이는 반응이다. 화자는 자신을 제대로 인식하지 못한 타자를 보며 "거기서 좀 더 자주 나왔더라면 좋았을걸" 하고 생각한다. 이러한 진술 안에는 화자 자신이 타자에게 보다 '제대로' 인식되기를 바라는 욕망이 녹아 있다.

다음 열차는 오지 않을 것 같아. 우리만 남겨 두고 무수히 지나간 것 같아. 22세기는 한꺼번에 지각하는 중. 나는 나와 공통점이 없고 당신은 당신에게 섞이지 않아 오늘의 플랫폼은 혼잡하네.

10년 전의 동경이나 10년 후 부다페스트인 것 같아. 지금 우린 각자의 지구에 살고 있는 것 같아. 손바닥 위 조그만 불빛 속에서 천 개의 도넛을 튀기고 만 개의 크레용 만드는 걸 쳐다보며 무궁무진 인류는 이어질 거라 안심하면서
—「귀지 파는 소리를 듣는 밤」에서

타자에게 이해받고자 하는 욕망을 포착하는 시인의 시각은 우리가 일상에서 겪는 공허함이 무엇으로부터 비롯되는지 정확히 꿰뚫는다. 「귀지 파는 소리를 듣는 밤」은 사람으로 가득한 지하철 플랫폼을 그린다. 플랫폼은 사람으로 북적북적하지만, 그들은 손에 든 스마트폰 화면에 의지한 채 각자의 세계에 고립되어 있다. 그들은 "천 개의 도넛을 튀기"는 영상이나 "만 개의 크레용 만드는" 영상을 본다. 인터넷에 '마음이 편해지는 영상'을 검색하면 나오는 대표적인 것들이다.

단순 반복되는 공정을 찍은 영상이 사람들 사이에 유행하는 이유는, 그것이 어떤 안정감을 가져다주기 때문이다. 기계에 의해 오차 없이 이루어지는 반복 공정은 조금의 뒤틀림이나 어긋남도 허락하지 않는다. 불확실성과 불안으로

가득한 우리의 세계와 달리, 그곳에는 어떤 것도 잘못될 일이 없다. 그래서 현대인들은 그러한 영상에서 위안을 얻는다.

조금은 거리가 멀어 보이는 이 두 시 사이에는 인간 존재를 흔드는 중대한 문제가 숨어 있다. 바로 존재의 어긋남이다. 「안개공단」의 화자는 스스로 생각하는 자신과 타인에 의해 인식된 자신 사이의 불일치를 감지하고 있다. 「귀지 파는 소리를 듣는 밤」의 화자는 "나는 나와 공통점이 없"다고 말하며 플랫폼의 "당신은 당신에게 섞이지 않"는다. 나를 이해받을 수 없다는 시련이, 내가 나로 존재할 수 없다는 절망이 우리를 끝없는 불안으로 인도한다.

기억-존재

이러한 문제의식은 김미령의 여러 다른 시에서도 이미 다루고 있는 주제다. 앞서 언급한 것처럼 『우리가 동시에 여기 있다는 소문』에서도 주체와 타자 사이의 관계에 주목한 바 있다. "각자 다른 시차 속에서 오래전 어디론가 출발한" 이들이 "네 명 모두" 서 있을 수 있는 "안정된 구도를 다시 찾"*으려는 시도가 바로 『우리가 동시에 여기 있다는 소문』이었다. 그러나 동일한 소재를 반복적으로

* 「네 사람 — Mimage」.

시에서 다루고 있다는 의미는 아니다. 시인은 『제너레이션』을 통해 존재라는 문제에 접근하는 새로운 도구를 마련했다. 바로 '기억'이다.

숲길을 가다가 야외 수영장이 나왔다.
계획에 없던 일이었다.
수영장엔 물이 없었고 갈라진 바닥에 풀이 나 있었고
때마침 지금이 겨울인 것도 때마침 내가 나인 것도
애초에 계획에 없던 일
이제 막 알게 된 일

그러고 보니 내가 여기 도착한 것은
녹슨 철 계단을 내려가 바닥을 들여다본 것은
이제 이야기가 된 시간이 거기 있을 것 같아서

늦은 감이 있지만
우리가 깜빡 잠든 사이 세상이 어떻게 끝나 있었는지
 그 마당에 무엇이 가득 차 있어 다들 입을 막고 팔다리를 휘저었는지

(찍지 마! 그만해! 누가 말하고)

그해 여름은 때아닌 빛과 소리로 시끄러웠는데

붉게 태운 살갗과 물속 유영의 자유로움 그리고 약간의
따분함 또 뭐가 있었지
　현관 앞에 매미 한 마리 자지러질 듯 울어 대고 아이가
꼬챙이로 배를 꾹 누르는데 나는 말리지 않았네 내 목을 조
르는 것 같았지만


　(아침부터 까불던 토끼소녀가 더러운 버니 인형을 쓰고
카메라를 향해 손 흔드는데)


　부풀고 가라앉기를 반복하던 하루살이와
　덤불 뒤 들리던 누군가의 인기척과
　잠수하던 내가 물에서 떠오르자 아무도 보이지 않던 것


　미지근한 물 위에
　둥근 튜브 하나


　우리가 정말 그런 즐거운 한때를 경험한 건지 알 수 없는
오랜 시간이 흘렀고
　낯익은 물결무늬가 빈 수영장에 넘실거렸고


　일부러 가서는 들여다보지 않을
　깊은 바닥이었다.

　　　　　　　　　　　　　　　　　　──「홈 비디오」

"계획에 없"이 "숲길"에서 "야외 수영장"을 만났을 때, 화자는 문득 "내가 나인 것"이 "애초에 계획에 없었던 일"이고 "이제 막 알게 된 일"이라고 깨닫는다. 독자들은 의문을 가질 수밖에 없다. 야외 수영장을 맞닥뜨린 것과 자신의 존재론적 우연성을 자각하는 것에 어떤 관계가 있는 것인가? 독자의 입장에서 다소 당혹스럽게 느껴질 수 있겠지만, 시를 읽다 보면 그 사이의 연결 고리가 자연스레 눈에 들어온다. "이제 이야기가 된 시간", 다른 말로 하면 '기억'이다.

「홈 비디오」는 그 제목처럼 수영장에서 있던 사건을 재생하듯 전개한다. 괄호 안에 들어간 진술은 재생되는 비디오의 소리와 장면을 묘사하는 듯 보인다. 그러나 시는 사건을 분명하게 그리지 않는다. 화자는 끊임없이 사건을 반추하지만, 도무지 그 전말을 확정적으로 서술하지 않는다. "세상이 어떻게 끝나 있었는지" "팔다리를 휘저었는지" 확신하지 못한다. 이처럼 모호하게 그려지는 서술은 모두 갑작스레 맞닥뜨린 "야외 수영장"에 의해 촉발된 화자의 '기억'을 묘사하는 것이다.

기억은 시간이 지나면서 자연스레 흐려진다. 때문에 화자가 야외 수영장에 의해 떠오른 사건을 분명히 기억하지 못하는 것은 이상한 일이 아니다. 그러나 기억이 어떤 존재의 연속성을, 그 존재의 성질을 규정하는 재료가 된다면 이는 심각한 문제가 된다. 존재가 정의되는 토대를 이루는 기억이 흔들린다는 것은 곧 존재 자체가 위태로운 처지에 있다는 것과 다름없다.

더욱 중요한 것은, 주체가 자신의 존재론적 연속성을 파악하는 토대 역시 '기억'이라는 사실이다. 기억에는 한계가 있으므로 우리는 자신의 존재마저 온전히 파악할 수 없다. 시인이 감각하는 존재의 불안은 문장에서도 그대로 드러난다. 「홈 비디오」의 화자는 문장을 단정하게 끝맺지 않는다. 마침표를 찍으며 짧게 서술하던 첫 행과 둘째 행과는 달리 그 뒤로 전개되는 문장들은 모호한 기억처럼 흐릿하다. 기억을 분명하게 떠올려 보려는 화자처럼 갈팡질팡 흔들리며 위태롭게 나아간다. 이는 곧 기억의 불완전성을 자각하는 순간 흔들리는 주체의 존재와 꼭 닮았다.

"턱에 예전엔 몰랐던 수박씨만 한 점이 있다는 것을" 발견한 순간처럼(「보훈병원」), 내가 알던 그 사람의 이미지가 더 이상 그 사람과 합치되지 않게 되는 순간처럼, "잠복기가 길었던 기억"은 "매미 떼처럼" "한꺼번에 울기 시작"하듯 불시에 우리 자신을 습격한다.(「잠복기」) "내가 몰랐던 쪽으로부터 계속 생겨"나는 나에 대한 기억은 주체를 위태롭게 만든다.(「기억이 지나간 흔적」) 내가 믿어 왔던 나의 이미지가 산산이 깨지는 순간 우리 존재는 갈 곳을 잃는다.

존재-방황

　승객들은 막차를 타지 않는 나를 비스듬히 내려다보았고 버스는 출발했다.
　그들은 자신이 어디로 가는지 다 아는 표정이었다.

　한 사람이 길가에 쓰레기를 묶어 내놓다가 나를 멀뚱히 쳐다보더니 다시 골목으로 들어갔다.

　문이 열린 어둑한 상점에는 여자들이 둘러앉아 나물을 다듬었다.
　저건 오래전에 내가 그만둔 풍경
　입이 부루퉁해진 나의 소녀가 땅을 툭툭 차는
　아무 일도 일어나지 않는 생일 저녁 같은

—「여독」에서

기억의 흔들림에 의해 자기 자신의 존재마저 불확실해진 시인은 방황하기 시작한다. 모두가 "막차"를 탈 때 시인은 화자를 정류장에 남겨 놓는다. 화자는 눈앞에 도착한 차가 마지막 기회라는 것을 알면서도, 자신이 가야 할 장소를 모르기에 그 차를 타도 되는지 판단할 수 없다. "자신이 어디로 가는지 다 아는 표정"을 짓는 승객들은 화자를 이상한 시선으로 쳐다보겠지만, 오히려 화자의 입장에서는 자신이 가야 할 길을 알고 버스에 오른 그들이 신기하게 느껴질 것이다.

늦은 밤 정류장에 남겨진 화자는 주변을 둘러본다. "문이 열린 어둑한 상점" 안에서 "여자들이 둘러앉아 나물을 다듬"는 장면이 눈에 들어온다. 그것은 "오래전" 화자가 "그만둔 풍경"이다. 그 풍경에 의해 화자는 자신의 기억을 다시 소환한다. 그것은 "생일 저녁"에 "아무 일도 일어나지 않"아 기분이 상했던 소녀 시절의 기억이다. 별것 아닌 듯한 기억이지만 그것이 화자가 생각을 전환하는 계기로 작용했다는 사실이 중요하다.

빈방 있어요?

노인을 따라 골목으로 들어가니 마당에 낡은 의자 두 개가 달빛을 받고 있고
그 의자에 앉아 나누는 이야기는 이 세상 이야기가 아닐 것 같았다.

나는 창을 등지고 돌아누웠다.
창밖의 대숲은 나보다 더 많이 뒤척였고
맞은편 벽시계는 멈춰 있었고
오래된 벽지가 물결무늬를 무한 반복하는 동안 방은 밤새 어디로 떠내려가는지

어느 새벽 누가 냉장고 문을 열고 서 있으면 저 멀리 세상 끝에 저런 불빛이 있을 것 같고
나는 아직 그 마을을 서성이는 것 같고

창가에서 또르르 굴리던 소녀의 돌멩이 소리가
—「여독」에서

목적지를 잃은 화자는 타의로 길을 멈추게 되었지만 자기 의지로 그 자리에 잠시 머물기를 택한다. 그는 "빈방"으로 들어간다. "노인을 따라" 들어간 "골목" 안의 어떤 방에서 화자는 "창을 등지고 돌아누"운 채 자신이 정지해 있음을 실감한다. "창밖의 대숲은" 화자보다 "더 많이 뒤척"이고, "맞은편 벽시계는" 화자처럼 "멈춰 있"고, "오래된 벽지"의 "물결무늬를 무한 반복"하듯 "방은 밤새" 어딘가로 "떠내려"간다. "기억이 지속되는 동안에도 물은" 흐르는 것처럼 "여울은 여울대로 남아/ 바닥에 무늬를 새기"는 현장이다.(「이야기가 된 시간」)

화자는 그 가운데 정지한 채 먼 곳을 바라본다. "어느 새벽 누가 냉장고 문을 열고" 선 것처럼 "저 멀리 세상 끝에" 보이는 미약한 "불빛이 있을 것 같고" 화자는 "그 마을을 서성이는 것 같"다고 느낀다. 그 안에서 화자는 "창가에서 또르르 굴리던 소녀의 돌멩이 소리"를 듣는다. 기억을 단순히 기억으로 남겨 두는 것이 아니라 그것을 반추

하며 감각적인 영역까지 다시 끌어올리는 것이다. 존재의 불확실성에 의해 멈춰 선 장소에서 화자는 도망치지 않고 자기 내면에서 일어나는 기억을 마주한다. 그것은 존재의 불안을 유발하는 기억을 회피하지 않고 그것을 정면으로 돌파해서 자기 자신을 새로이 발견하겠다는 의지 표명이다. 설령 "내가 기억을 바꾸었는지 기억이 나를 바꾸었는지" 알 수 없더라도,(「풍경이 기억하는 나」) "그렇다면 이 길에서 좀 더 들어가 보자고/ 마음먹"는 것이다.(「국도변」) 이러한 사투 끝에 시인은 존재의 새로운 양식을 발견한다.

### 존재-갱신

김미령 시인이 맞닥뜨린 존재의 불안은 누구도 해결할 수 없는, 인간이 타고나는 숙명이다. 시인은 불안을 회피하지 않는다. 시인은 "어떤 것의 실체는 그 자신의 부재를 통해서만 겨우 드러나게 될 것"이라고 선언한다.(「등으로 기억하는」) 이 진술은 매우 의미심장하다. 기억의 혼란에서 초래되는 존재의 불안이, 어쩌면 존재를 증명하는 유일한 통로가 될 수도 있기 때문이다.

동명의 시 「제너레이션」은 각 부에 한 편씩 총 네 편이 실려 있다. 각 시들은 내용과 형식에 차이가 있지만 어떤 기억을 중심으로 전개된다는 공통점이 있다. 1부의 「제너레이션」은 "막 죽고 난 후" 떠오르는 기억을 다룬다. 그것들은 "이제부터 새로 시작되는 이야기지만 낯익은 이야기"이기도 하다. 2부에서는 "오랜만에 옛 마을을 둘러보"며 느껴지는 기억과 "고택을 개조한 카페가 성업" 중인 현재의 간극이 강조된다. 3부에서는 다양한 기억을 중첩시키면서 "20세기의 나와 21세기의 나"의 엇갈림을 그린다. 그리고 마침내 4부의 「제너레이션」에서 시인은 "데려오고 싶었던" "수수하게 예쁘던 풀꽃들과 몸도 못 가누던 여린 햇빛"이 놓인 "그 풀밭"을, "다시 못 볼 그것들을 두고" 어딘가로 "출발"한다.

1부의 「제너레이션」부터 4부 「제너레이션」에 이르기까지 시인이 기억을 다루는 양상은 조금씩 변화한다. 그리고 마침내 4부에서 시인은 어딘가로 다시 움직이기로 다짐한다. 앞서 「여독」에서 보았던 길 잃은 화자의 모습과는 다소 달라 보인다. 이는 시인이 "나를 선택한 그 기억으로부터" "영영 벗어날 수 없을 것 같"더라도,(「마른 땅에 관하여」) "수풀 사이를 기웃거리"는 "기억"을 받아 "시"로 적기로 결심했기 때문이다.(「끝을 끝이라 말해 주지 않아서」)

세대가 일정한 변곡점마다 형성되듯 시인이 기억과 존재를 다루는 방식은 사유의 진전과 함께 거듭 갱신된다. 기억은 흔들리고, 주체는 고정불변으로 존재할 수 없다. 그 불완전함은 우리를 위태롭게 만들지만 시인은 그 위태로움을 피하지 않는다. 그렇게 시인은 흔들리는 존재를 새로이 인식하는 방법을 찾아낸다. 그는 불안을 받아들이기로 한다. 불안이 싹튼 원인을 그대로 수용하면서 그 불안까지 존재의 양식으로 변이시킨다.

잠시 멈춰 있었는지 모른다. 뭔가 쓰다 말고 자신이 쓰던 문장에서 잊고 있던 골목을 발견한 것처럼

애써 떠올린 건 아니지만 뜻밖의 순간에 이야기가 시작되고 골목 끝에 한 여자아이가 움직이는 게 보인다. 추운 날 맨발에 슬리퍼를 신고 쓰레기 버리러 나왔다가 이쪽을 쳐다보는데

뒤쪽 어둠에서 개가 짖는다. 내가 아직도 그때를 잊지 않고 있다는 것을 저 아이도 아는 것 같다.

추워. 어서 들어가. 그리고 넌 딴생각 말고 네 자리를 지키고 있어. 우린 언젠가 다시 만날 테니. 지금은 날 잊어도 좋아. 네가 미래를 못 알아봐도 미래가 널 기억할 거야. 내가 과거를 잊어버려도 과거가 날 기억하고 있을 거야.

그 후로도 가끔 그 골목에서 개가 짖고 눈발이 비치고 슈퍼에서 지하철에서 때론 손목을 뒤로 꼬며 담배 피우던 골목

에서 내가 힐끔거리면 나 알아요? 묻는 듯이 쳐다보던 사람

또는 나를 아는 사람이라고 착각하는 누군가에게
제가 당신을 아나요?

물어보고 싶어져서

—「아는 사람」

"골목 끝에 한 여자아이가 움직이는 게 보인다". 그 아이는 "추운 날 맨발에 슬리퍼를 신고 쓰레기를 버리러 나왔다가 이쪽을 쳐다"본다. 화자와 아이는 눈이 마주친다. 그것은 "쓰던 문장에서" 발견한 "잊고 있던 골목"의 기억 자체다. 화자는 떠오른 기억에서 눈을 돌리지 않는다. "내가 과거를 잊어버려도 과거가 날 기억하고 있을 거"라는 사실을 알고 있기 때문이다. 시인은 존재가 과거로부터 불거져 태어난다는 사실을, 설령 흔들리는 기억에 내가 누구인지 모르겠는 순간이 오더라도 "미래가 널 기억"하듯 자신은 분명히 존재하고 있다는 사실을 믿기로 한다. 이 믿음 위에서 존재의 흔들림은 위기가 아니라 새로운 자기 자신을 재발견하는 '갱신'의 과정이 된다.

자신의 존재 양식을 불안이 아니라 갱신으로 치환한 시인의 관심은 최종적으로 타인을 향한다. 자신을 "아는 사람이라고 착각하는" 타인에게 시인은 '당신이 나를 아나

요?'라고 묻는 것이 아니라 "제가 당신을 아나요?"라고 "물어보고 싶어"졌다고 말한다. 시인이 "힐끔거리면 나 알아요? 묻는 듯이 쳐다보던 사람"에게도 마찬가지다. 존재 양식에 대한 새로운 정의는 시인에게 곧 세계를 다시 바라볼 수 있는 시야를 주고, 그것들에 적극적이고 능동적으로 접근할 동력을 제공한다. 마치 세대가 바뀌는 것처럼 시인의 세계관 역시 이전의 연속성 위에서 새로운 국면으로 갱신된다.

『제너레이션』은 우리를 위태롭게 만드는 '존재의 흔들림'을 '존재 갱신에 대한 감각'으로 뒤바꾼다. 세대 교체는 이전 세대와 뚜렷하게 구별되는 세계관을 지닌 존재들의 탄생을 의미한다. 하지만 새로이 등장한 세대가 이전 세대와 격리되어 외부에서 뚝 떨어지듯 생겨난 것은 아니다. 그들은 이전 세대로부터 이어지며 형성되었지만, 그들과 분명히 구별될 수 있는 전환을 이루어 낸 존재들이다. 마치 김미령 시인이 일련의 「제너레이션」을 거치며 '존재-갱신'이라는 새로운 존재 양식을 발견해 낸 것과 같다. 『제너레이션』을 통과한 우리는 이제 우리의 존재론적 불안에 대해 이렇게 말할 수 있을 것이다. 기억은 흔들리는 것이고, 존재는 갱신하는 것이라고.

추천의 글


이수명(시인·문학평론가)




김미령 시인의 세 번째 시집 『제너레이션』은 첫 시집의 '파도'와 두 번째 시집의 '소문'이라는 외연에 입체감을 부여한 것이다. 전작들의 확산과 소요가 흘러 다니는 필드를 들여다보려 한 시도라 할 수 있다. 그의 시에 필드의 넓이, 깊이, 길이가 의식되는 순간이다. 이렇게 해서 세계의 "투명한 내부"(「오십 방울」)가 공개된다.

세계의 내부라는 것은 우리 앞에 구체적으로 전개되는 풍경에 다름 아니다. 이 풍경의 정체는 무엇일까. 어디서 비롯되어 펼쳐지는 중일까. 풍경 속에 들어 있는 장면들은 늘 익숙하면서도 어딘가 낯설다. 꿈, 기억, 회상, 연상을 통해서 풍경은 소진되지 않고 반복, 변주된다. 확장되고 부풀어 오른다.

김미령 시인이 이 풍경에서 발견한 것은 이번 시집의 점근선이 되는 기억이라는 인자이다. 김미령의 시에 의하면 기억은 우리 안에만 거주하는 것이 아니다. 우리 안에 있을 때도 있지만 우리를 벗어나 돌아다닌다. "당신 없는 당신 자리에 나 없는 내 자리에／ 오래된 기억이 혼자 풀밭에 앉아"(「당신의 기억이 나에게 옮아와서」) 있다. 우리와 분리되어 있는 기억이 출현하고 주목된다. 풍경을 구성하는 것은 우리가 없는 곳에 홀로 남아 있는 기억이다. "더 이상 우리 것이 아닌 먼 기억들"(「마른 땅에 관하여」)과 '아직 다 가오지 않은 기억들'인 것이다. 『제너레이션』은 주체와 주체의 역사로부터 이탈한 기억이 그리는 풍경의 의미를 묻고자 한다. 풍경은 혼자 돌아다니고 있는 기억의 산물이다. 그것을 우리는 구경한다. 우리는 이 세계의 구경꾼이고, 타자다.

지은이 **김미령**
2005년 《서울신문》 신춘문예로 작품 활동을 시작했다. 시집 『파도의 새로운 양상』 『우리가 동시에 여기 있다는 소문』이 있다.

## 제너레이션

1판 1쇄 찍음 2025년 6월 13일
1판 1쇄 펴냄 2025년 6월 27일

지은이 김미령
발행인 박근섭, 박상준
펴낸곳 (주)민음사

출판등록 1966. 5.19. (제16-490호)
서울특별시 강남구 도산대로1길 62(신사동)
강남출판문화센터 5층 (06027)
대표전화 02-515-2000/ 팩시밀리 02-515-2007
www.minumsa.com

ⓒ 김미령, 2025. Printed in Seoul, Korea

ISBN 978-89-374-0953-0 (04810)
   978-89-374-0802-1 (세트)

\* 잘못 만들어진 책은 구입처에서 교환해 드립니다.
\*\* 이 책은 서울특별시, 서울문화재단 '2024년 창작집 발간지원 사업'의 지원을 받아 발간되었습니다.

## 민음의 시
## 목록

- 001 　**전원시편**　고은
- 002 　**멀리 뛰기**　신진
- 003 　**춤꾼 이야기**　이윤택
- 004 　**토마토 씨앗을 심은 후부터**　백미혜
- 005 　**징조**　안수환
- 006 　**반성**　김영승
- 007 　**햄버거에 대한 명상**　장정일
- 008 　**진흙소를 타고**　최승호
- 009 　**보이지 않는 것의 그림자**　박이문
- 010 　**강**　구광본
- 011 　**아내의 잠**　박경석
- 012 　**새벽편지**　정호승
- 013 　**매장시편**　임동확
- 014 　**새를 기다리며**　김수복
- 015 　**내 젖은 구두 벗어 해에게 보여줄 때**　이문재
- 016 　**길안에서의 택시잡기**　장정일
- 017 　**우수의 이불을 덮고**　이기철
- 018 　**느리고 무겁게 그리고 우울하게**　김영태
- 019 　**아침책상**　최동호
- 020 　**안개와 불**　하재봉
- 021 　**누가 두꺼비집을 내려놨나**　장경린
- 022 　**흙은 사각형의 기억을 갖고 있다**　송찬호
- 023 　**물 위를 걷는 자, 물 밑을 걷는 자**　주창윤
- 024 　**땅의 뿌리 그 깊은 속**　배진성
- 025 　**잘 가라 내 청춘**　이상희
- 026 　**장마는 아이들을 눈뜨게 하고**　정화진
- 027 　**불란서 영화처럼**　전연옥
- 028 　**얼굴 없는 사람과의 약속**　정한용
- 029 　**깊은 곳에 그물을**　남진우
- 030 　**지금 남은 자들의 골짜기엔**　고진하
- 031 　**살아 있는 날들의 비망록**　임동확
- 032 　**검은 소에 관한 기억**　채성병
- 033 　**산정묘지**　조정권
- 034 　**신은 망했다**　이갑수
- 035 　**꽃은 푸른 빛을 피하고**　박재삼
- 036 　**침엽수림에서**　엄원태
- 037 　**숨은 사내**　박기영
- 038 　**땅은 주검을 호락호락 받아 주지 않는다**　조은
- 039 　**낯선 길에 묻다**　성석제
- 040 　**404호**　김혜수
- 041 　**이 강산 녹음 방초**　박종해
- 042 　**뿔**　문인수
- 043 　**두 힘이 숲을 설레게 한다**　손진은
- 044 　**황금 연못**　장옥관
- 045 　**밤에 용서라는 말을 들었다**　이진명
- 046 　**홀로 등불을 상처 위에 켜다**　윤후명
- 047 　**고래는 명상가**　김영태
- 048 　**당나귀의 꿈**　권대웅
- 049 　**까마귀**　김재석
- 050 　**늙은 퇴폐**　이승욱
- 051 　**색동 단풍숲을 노래하라**　김영무
- 052 　**산책시편**　이문재
- 053 　**입국**　사이토우 마리코
- 054 　**저녁의 첼로**　최계선
- 055 　**6은 나무 7은 돌고래**　박상순
- 056 　**세상의 모든 저녁**　유하
- 057 　**산화가**　노혜봉
- 058 　**여우를 살리기 위해**　이학성
- 059 　**현대적**　이갑수
- 060 　**황천반점**　윤제림
- 061 　**몸나무의 추억**　박진형
- 062 　**푸른 비상구**　이희중
- 063 　**님시편**　하종오
- 064 　**비밀을 사랑한 이유**　정은숙
- 065 　**고요한 동백을 품은 바다가 있다**　정화진
- 066 　**내 귓속의 장대나무 숲**　최정례
- 067 　**바퀴소리를 듣는다**　장옥관
- 068 　**참 이상한 상형문자**　이승욱
- 069 　**열하를 향하여**　이기철
- 070 　**발전소**　하재봉
- 071 　**화염길**　박찬
- 072 　**딱따구리는 어디에 숨어 있는가**　최동호
- 073 　**서랍 속의 여자**　박지영
- 074 　**가끔 중세를 꿈꾼다**　전대호
- 075 　**로큰롤 해븐**　김태형
- 076 　**에로스의 반지**　백미혜
- 077 　**남자를 위하여**　문정희
- 078 　**그가 내 얼굴을 만지네**　송재학
- 079 　**검은 암소의 천국**　성석제
- 080 　**그곳이 멀지 않다**　나희덕
- 081 　**고요한 입술**　송종규
- 082 　**오래 비어 있는 길**　전동균

| | | | | |
|---|---|---|---|---|
| 083 | 미리 이별을 노래하다 차창룡 | | 125 | 뜻밖의 대답 김언희 |
| 084 | 불안하다, 서 있는 것들 박용재 | | 126 | 삼천갑자 복사빛 정끝별 |
| 085 | 성찰 전대호 | | 127 | 나는 정말 아주 다르다 이만식 |
| 086 | 삼류 극장에서의 한때 배용제 | | 128 | 시간의 쪽배 오세영 |
| 087 | 정동진역 김영남 | | 129 | 간결한 배치 신해욱 |
| 088 | 벼락무늬 이상희 | | 130 | 수탉 고진하 |
| 089 | 오전 10시에 배달되는 햇살 원희석 | | 131 | 빛들의 피곤이 밤을 끌어당긴다 김소연 |
| 090 | 나만의 것 정은숙 | | 132 | 칸트의 동물원 이근화 |
| 091 | 그로테스크 최승호 | | 133 | 아침 산책 박이문 |
| 092 | 나나 이야기 정한용 | | 134 | 인디오 여인 곽효환 |
| 093 | 지금 어디에 계십니까 백주은 | | 135 | 모자나무 박찬일 |
| 094 | 지도에 없는 섬 하나를 안다 임영조 | | 136 | 녹슨 방 송종규 |
| 095 | 말라죽은 앵두나무 아래 잠자는 저 여자 김언희 | | 137 | 바다로 가득 찬 책 강기원 |
| | | | 138 | 아버지의 도장 김재혁 |
| 096 | 흰 책 정끝별 | | 139 | 4월아, 미안하다 심언주 |
| 097 | 늦게 온 소포 고두현 | | 140 | 공중 묘지 성윤석 |
| 098 | 내가 만난 사람은 모두 아름다웠다 이기철 | | 141 | 그 얼굴에 입술을 대다 권혁웅 |
| 099 | 빗자루를 타고 달리는 웃음 김승희 | | 142 | 열애 신달자 |
| 100 | 얼음수도원 고진하 | | 143 | 길에서 만난 나무늘보 김민 |
| 101 | 그날 말이 돌아오지 않는다 김경후 | | 144 | 검은 표범 여인 문혜진 |
| 102 | 오라, 거짓 사랑아 문정희 | | 145 | 여왕코끼리의 힘 조명 |
| 103 | 붉은 담장의 커브 이수명 | | 146 | 광대 소녀의 거꾸로 도는 지구 정재학 |
| 104 | 내 청춘의 격렬비열도엔 아직도 음악 같은 눈이 내리지 박정대 | | 147 | 슬픈 갈릴레이의 마을 정채원 |
| | | | 148 | 습관성 겨울 장승리 |
| 105 | 제비꽃 여인숙 이정록 | | 149 | 나쁜 소년이 서 있다 허연 |
| 106 | 아담, 다른 얼굴 조원규 | | 150 | 앨리스네 집 황성희 |
| 107 | 노을의 집 배문성 | | 151 | 스윙 여태천 |
| 108 | 공놀이하는 달마 최동호 | | 152 | 호텔 타셀의 돼지들 오은 |
| 109 | 인생 이승훈 | | 153 | 아주 붉은 현기증 천수호 |
| 110 | 내 졸음에도 사랑은 떠도느냐 정철훈 | | 154 | 침대를 타고 달렸어 신현림 |
| 111 | 내 잠 속의 모래산 이장욱 | | 155 | 소설을 쓰자 김언 |
| 112 | 별의 집 백미혜 | | 156 | 달의 아가미 김두안 |
| 113 | 나는 푸른 트럭을 탔다 박찬일 | | 157 | 우주전쟁 중에 첫사랑 서동욱 |
| 114 | 사람은 사랑한 만큼 산다 박용재 | | 158 | 시소의 감정 김지녀 |
| 115 | 사랑은 야채 같은 것 성미정 | | 159 | 오페라 미용실 윤석정 |
| 116 | 어머니가 촛불로 밥을 지으신다 정재학 | | 160 | 시차의 눈을 달랜다 김경주 |
| 117 | 나는 걷는다 물먹은 대지 위를 원재길 | | 161 | 몽해항로 장석주 |
| 118 | 질 나쁜 연애 문혜진 | | 162 | 은하가 은하를 관통하는 밤 강기원 |
| 119 | 양귀비꽃 머리에 꽂고 문정희 | | 163 | 마계 윤의섭 |
| 120 | 해질녘에 아픈 사람 신현림 | | 164 | 벼랑 위의 사랑 차창룡 |
| 121 | Love Adagio 박상순 | | 165 | 언니에게 이영주 |
| 122 | 오래 말하는 사이 신달자 | | 166 | 소년 파르티잔 행동 지침 서효인 |
| 123 | 하늘이 담긴 손 김영래 | | 167 | 조용한 회화 가족 No. 1 조민 |
| 124 | 가장 따뜻한 책 이기철 | | 168 | 다산의 처녀 문정희 |

| | | | |
|---|---|---|---|
| 169 | 타인의 의미　김행숙 | 212 | 결코 안녕인 세계　주영중 |
| 170 | 귀 없는 토끼에 관한 소수 의견　김성대 | 213 | 공중을 들어 올리는 하나의 방식　송종규 |
| 171 | 고요로의 초대　조정권 | 214 | 희지의 세계　황인찬 |
| 172 | 애초의 당신　김요일 | 215 | 달의 뒷면을 보다　고두현 |
| 173 | 가벼운 마음의 소유자들　유형진 | 216 | 온갖 것들의 낮　유계영 |
| 174 | 종이　신달자 | 217 | 지중해의 피　강기원 |
| 175 | 명왕성 되다　이재훈 | 218 | 일요일과 나쁜 날씨　장석주 |
| 176 | 유령들　신한용 | 219 | 세상의 모든 최대화　황유원 |
| 177 | 파묻힌 얼굴　오정국 | 220 | 몇 명의 내가 있는 액자 하나　여정 |
| 178 | 키키　김산 | 221 | 어느 누구의 모든 동생　서윤후 |
| 179 | 백 년 동안의 세계대전　서효인 | 222 | 백치의 산수　강정 |
| 180 | 나무, 나의 모국어　이기철 | 223 | 곡면의 힘　서동욱 |
| 181 | 밤의 분명한 사실들　진수미 | 224 | 나의 다른 이름들　조용미 |
| 182 | 사과 사이사이 새　최문자 | 225 | 벌레 신화　이재훈 |
| 183 | 애인　이응준 | 226 | 빛이 아닌 결론을 짓는　인미린 |
| 184 | 애들아, 모든 이름을 사랑해　김경인 | 227 | 북촌　신달자 |
| 185 | 마른하늘에서 치는 박수 소리　오세영 | 228 | 감은 눈이 내 얼굴을　안태운 |
| 186 | ㄹ　성기완 | 229 | 눈먼 자의 동쪽　오정국 |
| 187 | 모조 숲　이민하 | 230 | 혜성의 냄새　문혜진 |
| 188 | 침묵의 푸른 이랑　이태수 | 231 | 파도의 새로운 양상　김미령 |
| 189 | 구관조 씻기기　황인찬 | 232 | 흰 글씨로 쓰는 것　김준현 |
| 190 | 구두코　조혜은 | 233 | 내가 훔친 기적　강지혜 |
| 191 | 저렇게 오렌지는 익어 가고　여태천 | 234 | 흰 꽃 만지는 시간　이기철 |
| 192 | 이 집에서 슬픔은 안 된다　김상혁 | 235 | 북양항로　오세영 |
| 193 | 입술의 문자　한세정 | 236 | 구멍만 남은 도넛　조민 |
| 194 | 박카스 만세　박강 | 237 | 반지하 앨리스　신현림 |
| 195 | 나는 나와 어울리지 않는다　박판식 | 238 | 나는 벽에 붙어 잤다　최지인 |
| 196 | 딴생각　김재혁 | 239 | 표류하는 흑발　김이듬 |
| 197 | 4를 지키려는 노력　황성희 | 240 | 탐험과 소년과 계절의 서　안웅선 |
| 198 | .zip　송기영 | 241 | 소리 책력冊曆　김정환 |
| 199 | 절반의 침묵　박은율 | 242 | 책기둥　문보영 |
| 200 | 양파 공동체　손미 | 243 | 황홀　허형만 |
| 201 | 온몸으로 밀고 나가는 것이다<br>서동욱·김행숙 엮음 | 244 | 조이와의 키스　배수연 |
| | | 245 | 작가의 사랑　문정희 |
| 202 | 암흑향暗黑鄕　조연호 | 246 | 정원사를 바로 아세요　정지우 |
| 203 | 살 흐르다　신달자 | 247 | 사람은 모두 울고 난 얼굴　이상협 |
| 204 | 6　성동혁 | 248 | 내가 사랑하는 나의 새 인간　김복희 |
| 205 | 응　문정희 | 249 | 로라와 로라　심지아 |
| 206 | 모스크바예술극장의 기립 박수　기혁 | 250 | 타이피스트　김이강 |
| 207 | 기차는 꽃그늘에 주저앉아　김명인 | 251 | 목화, 어두운 마음의 깊이　이응준 |
| 208 | 백 리를 기다리는 말　박해람 | 252 | 백야의 소문으로 영원히　양안다 |
| 209 | 묵시록　윤의섭 | 253 | 캣콜링　이소호 |
| 210 | 비는 염소를 몰고 올 수 있을까　심언주 | 254 | 60조각의 비가　이선영 |
| 211 | 힐베르트 고양이 제로　함기석 | 255 | 우리가 훔친 것들이 만발한다　최문자 |

| | | | |
|---|---|---|---|
| 256 | 사람을 사랑해도 될까 손미 | 298 | 몸과 마음을 산뜻하게 정재율 |
| 257 | 사과 얼마에요 조정인 | 299 | 오늘은 좀 추운 사랑도 좋아 문정희 |
| 258 | 눈 속의 구조대 장정일 | 300 | 눈 내리는 체육관 조혜은 |
| 259 | 아무는 밤 김안 | 301 | 가벼운 선물 조해주 |
| 260 | 사랑과 교육 송승언 | 302 | 자막과 입을 맞추는 영혼 김준현 |
| 261 | 밤이 계속될 거야 신동옥 | 303 | 당신은 오늘도 커다랗게 입을 찢으며 웃고 있습니 신성희 |
| 262 | 간절함 신달자 | | |
| 263 | 양방향 김유림 | 304 | 소공포 배시은 |
| 264 | 어디서부터 오는 비인가요 윤의섭 | 305 | 월드 김종연 |
| 265 | 나를 참으면 다만 내가 되는 걸까 김성대 | 306 | 돌을 쥐려는 사람에게 김석영 |
| 266 | 이해할 차례이다 권박 | 307 | 빛의 체인 전수오 |
| 267 | 7초간의 포옹 신현림 | 308 | 당신의 세계는 아직도 바다와 빗소리와 작약을 취급하는지 김경미 |
| 268 | 밤과 꿈의 뉘앙스 박은정 | | |
| 269 | 디자인하우스 센텐스 함기석 | 309 | 검은 머리 짐승 사전 신이인 |
| 270 | 진짜 같은 마음 이서하 | 310 | 세컨드핸드 조용우 |
| 271 | 숲의 소실점을 향해 양안다 | 311 | 전쟁과 평화가 있는 내 부엌 신달자 |
| 272 | 아가씨와 빵 심민아 | 312 | 조금 전의 심장 홍일표 |
| 273 | 한 사람의 불확실 오은경 | 313 | 여름 가고 여름 채인숙 |
| 274 | 우리의 초능력은 우는 일이 전부라고 생각해 윤종욱 | 314 | 다들 모였다고 하지만 내가 없잖아 허주영 |
| | | 315 | 조금 진전 있음 이서하 |
| 275 | 작가의 탄생 유진목 | 316 | 장송행진곡 김현 |
| 276 | 방금 기이한 새소리를 들었다 김지녀 | 317 | 얼룩말 상자 배진우 |
| 277 | 감히 슬프지 않을 수 있겠습니까? 여태천 | 318 | 아기 늑대와 걸어가기 이지아 |
| 278 | 내 몸을 입으시겠어요? 조명 | 319 | 정신머리 박참새 |
| 279 | 그 웃음을 나도 좋아해 이기리 | 320 | 개구리극장 마윤지 |
| 280 | 중세를 적다 홍일표 | 321 | 펜 소스 임정민 |
| 281 | 우리가 동시에 여기 있다는 소문 김미령 | 322 | 이 시는 누워 있고 일어날 생각을 안 한다 임지은 |
| 282 | 써칭 포 캔디맨 송기영 | 323 | 미래슈퍼 옆 환상가게 강은교 |
| 283 | 재와 사랑의 미래 김연덕 | 324 | 개와 늑대와 도플갱어 숲 임원묵 |
| 284 | 완벽한 개업 축하 시 강보원 | 325 | 백합의 지옥 최재원 |
| 285 | 백지에게 김언 | 326 | 물보라 박지일 |
| 286 | 재의 얼굴로 지나가다 오정국 | 327 | 기대 없는 토요일 윤지양 |
| 287 | 커다란 하양으로 강정 | 328 | 종종 임경섭 |
| 288 | 여름 상설 공연 박은지 | 329 | 검은 양 세기 김종연 |
| 289 | 좋아하는 것들을 죽여 가면서 임정민 | 330 | 유물론 서동욱 |
| 290 | 줄무늬 비닐 커튼 채호기 | 331 | 나의 인터넷 친구 여한솔 |
| 291 | 영원 아래서 잠시 이기철 | 332 | 집 없는 집 여태천 |
| 292 | 다만 보라를 듣다 강기원 | 333 | 제너레이션 김미령 |
| 293 | 라흐 뒤 프루콩 드 네주 말하자면 눈송이의 예술 박정대 | | |
| 294 | 나랑 하고 시픈게 뭐에여? 최재원 | | |
| 295 | 해바라기밭의 리토르넬로 최문자 | | |
| 296 | 꿈을 꾸지 않기로 했고 그렇게 되었다 권민경 | | |
| 297 | 이건 우리만의 비밀이지? 강지혜 | | |